AF366281

La Justice pesant ce droit litigieux
Demande l'Huitre, l'ouvre et l'avalle à leurs yeux,
Et par ce bel arrêt terminant la bataille,
Tenés, voila, dit elle, à chacun une Ecaille
Des sotises d'Autrui nous vivons au Palais.
Messieurs l'Huitre étoit bonne, allés vivés en paix.

Boileau Epitre II

L'AMI
DE LA CONCORDE,

OU

Essai sur les Motifs d'éviter les Procès, & sur les Moyens d'en tarir la source.

PAR UN AVOCAT AU PARLEMENT.

A LONDRES;

1765.

INTRODUCTION.

L A gloire de gagner des procès m'a toujours moins flatté que la douce satisfaction de les prévenir, ou de les accommoder: J'ai remarqué que de tous les moyens que j'ai employés pour perfuader à ceux qui fe font adreffé à moi, de préférer la conciliation ou l'arbitrage ; à ce qu'on appelle les voies de la juftice, [1]

---

[1] On appelle le recours aux Juges, pour terminer les différens, la voye de la Juftice; ce n'eft pas qu'il foit plus jufte de fe pourvoir par cette voye, que de finir par un arbitrage ou une tranfaction : car au contraire il eft infiniment plus conforme à la Loi divine & par conféquent plus jufte,

A

celui qui m'a le plus souvent réussi a été de leur faire une peinture vraie de la maniere dont les contestations sont instruites & jugées dans les Tribunaux ; de leur faire observer que, par le grand nombre de Personnes qui ont droit de vivre, & même de s'enrichir aux dépens de ceux qui plaident, les frais deviennent presque toujours plus considérables que la chose contestée, & qu'ils entraînent la ruine de l'une ou l'autre, souvent des deux Parties.

Ces succès particuliers m'ont fait aspirer à un succès plus général, & m'ont encouragé à proposer au Public cet essai sur les moyens de délivrer l'humanité du fléau des pro-

---

& d'ailleurs plus utile aussi d'éviter cette voye & de rechercher la paix, au péril même de quelque perte, que de plaider & s'engager dans les suites où conduisent tous les procès, qui sont également contraires à la charité & à l'amour propre. *Domat, Loix Civiles, liv.* 4, *du Droit public.*

cès : je le diviferai en deux Parties.

Dans la premiere je préfenterai le Tableau de la maniere dont les conteftations, qui font portées dans les Tribunaux, font inftruites & jugées; des abus & malverfations qui s'y commettent; des foins, des peines, des inquiétudes & des dangers auxquels on s'expofe en plaidant; & des frais immenfes qu'on ne peut éviter. Comme il eft raifonnable de fuppofer que la volonté des Hommes s'accordera toujours avec leur intérêt, il y a lieu de préfumer que ce Tableau, comme un abyme affreux, détournera le plus grand nombre de l'envie de plaider.

Dans la feconde Partie je propoferai un moyen de prévenir les occafions de procès, qui eft de rendre les Hommes bons & juftes, en les inftruifant jeunes des devoirs qu'ils doivent remplir les uns envers les autres , de graver dans leur tendre cœur les principes d'une bonne morale pratique , qui doivent être la regle de leur conduite.

PREMIERE PARTIE.

LE Temple de la Justice n'est plus ou-
vert à tous les Hommes, non seulement elle
ni rend plus gratuitement ses Oracles, [1]
mais à toutes les avenues de ce Temple, à
chaque pas qu'on y fait, on trouve différentes sortes de Traitans déguisés sous le titre
d'office, auxquels il faut payer une multitude
de droits, que les besoins réitérés de l'Etat
ont forcé de leur aliéner successivement.

---

[1] L'Empereur Justinien dit lui-même, qu'après avoir
bien rêvé jusqu'à passer plusieurs nuits sans dormir, & après
avoir, par toutes sortes de curiosité & subtiles recherches,
raisonné en lui-même pour trouver les moyens de faire
vivre son peuple en repos, exempt de procès, d'injustices,
& de toutes autres incommodités, fors de tributs ordinaires,
il a pensé que cela arriveroit, si les Juges avoient toujours

Le premier Acte d'un procès est un exploit d'assignation. Il faut que cet Acte soit écrit sur du papier timbré, d'une certaine marque, pour laquelle il a été imposé un droit excédant de beaucoup la valeur de ce papier. Il ne peut être donné que par un Huissier, qui est une espéce de messager ou commissionnaire, qui a acquis le droit d'avertir ceux contre lesquels on veut demander quelque chose en Justice, & de certifier qu'ils ont été avertis. Il paroît que la Justice n'a pas beaucoup de confiance en ces sortes d'Officiers : car d'abord ils ont été assujettis à se faire assister de deux témoins, qui signeroient avec eux l'original & la copie de l'exploit ; ensuite, comme on a vû

les mains pures, & ne recevoient rien que ce qui leur seroit donné par le fisc. *Novelle* 8.

Nous ne devons pas douter que le même désir ne trouble souvent le repos de notre Auguste Monarque, qui aime autant ses sujets, qu'il en est aimé, & qu'il n'occupe sérieusement les Ministres & les Magistrats qu'il a chargés de travailler, conjointement au soulagement & au bonheur de ses peuples ; animés d'un saint zele pour la Justice, ils commenceront par chasser les vendeurs de son Temple.

qu'ils fe fervoient de témoins les uns aux autres, & qu'ils pouvoient abufer de leur miniftére par des antidates ou fauffetés, on a imaginé une précaution pour empêcher l'antidate, qui eft de les obliger de faire infcrire dans un Regiftre public une note de chaque exploit qu'ils donnent, ce qu'on appelle contrôler. Cet enregiftrement a été affujetti à un droit que les befoins de l'Etat & l'avidité des Traitans ont augmenté. Le Contrôleur étant homme comme l'Huiffier, qui eft-ce qui peut répondre qu'il n'abuſera pas lui-même de fon miniftére ? Cela n'eft pas fans exemple.

Lorfque les délais de l'affignation font expirés, on eft obligé de fe préfenter. Un Greffier des Préfentations a traité d'un droit établi fur cette formalité, il faut lui payer ce droit, plus ou moins confidérable, fuivant les Jurifdictions.

On eft tenu en outre de conftituer un Procureur, foit pour demander, foit pour défendre. Ce Procureur eft un autre traitant auquel on a vendu, sous le titre d'office, le privilege exclusif de soutenir & de défendre en Justice les intérêts qu'on est obligé de lui confier. Il a payé pour ce privilege une finance & des taxes, moyennant lesquelles on lui a attribué des droits à prendre sur les différens Actes de procédure qu'il fera pour ses Parties, ou qui seront faits par le Procureur des Parties adverses. Outre son office ce Procureur achete encore la confiance que différens particuliers avoient en son prédécesseur, à laquelle il espére succéder, ce qu'on appelle la Pratique. Il y en a qui sont portés à trente & quarante mille livres. Il faut que ce Procureur paye les rentes de son acquisition, qu'il soit logé, nourri, entretenu, lui, ses Clercs & Domestiques, qu'il ait des appartemens somptueusement meublés, que son épouse ait des diamants, des bijoux. Sur qui doivent tomber toutes ces Charges ? C'est sur les Plaideurs, [1]

____

[1] Il y a 400 Procureurs au Parlement de Paris, ce

L'esprit du Législateur, en dépouillant les Plaideurs du droit naturel de se défendre eux-mêmes, a été d'empêcher qu'ils ne fiffent éclater avec scandale leur paffion aux yeux de la Justice ; mais pour éviter un inconvénient, on tombe souvent dans un plus grand. Les Procureurs font hommes comme les Plaideurs, & par conséquent sujets aux paffions ; la principale qui est le mobile de nos actions, est l'intérêt : on doit donc s'attendre que l'intérêt des Procureurs remplacera celui des Parties, avec cette

n'est pas exagérer de dire qu'ils reçoivent l'un portant l'autre, au moins chacun dix mille livres par an, qu'ils tirent des Plaideurs du Reffort, cela fait par conséquent quatre millions qu'ils levent sur les Sujets du Roi dans ce Reffort.

Les Procureurs au Châtelet, au nombre de deux cens trente-six, levent au moins deux millions. Les Avocats ès Conseils, les Procureurs au Grand Conseil, à la Prévôté de l'Hôtel, au Bureau de la Ville, à l'Election, aux Con-fuls, reçoivent à proportion. Si on ajoute ce qui est payé directement par les Parties aux Avocats, aux Secrétaires, aux Huiffiers, les frais de voyage & séjour des Plaideurs, les frais des premieres Jurifdictions dans les Provinces, on verra avec étonnement qu'il n'y a pas d'Armée victorieuse qui puiffe tirer autant de contributions d'un Pays conquis, que cette Milice de la Justice en fçait tirer de ses Conci-toyens.

différence que l'intérêt des Parties est toujours opposé. Celui des Procureurs est le même, d'abuser de concert des formes pour augmenter & multiplier leurs droits. [1] Penser que cela n'arrivera pas le plus souvent, c'est supposer dans les hommes des perfections dont, en général, ils ne sont pas susceptibles : voyons ce qui arrive.

Je ne ferai pas ici le détail ennuyeux des petites chicanes de forme que se font d'abord les Procureurs, qu'on appelle exceptions dilatoires, déclinatoires, moyens de nullité, des incidens qu'ils multiplient, auxquels les Parties ne prennent aucune part, qu'elles ignorent le plus souvent, qui don-

---

[1] L'usage des Procureurs étant devenu nécessaire à toutes causes & à toutes les Parties plaidantes, ce n'est pas merveille que ce soit aujourd'hui une vacation particuliere, même une vacation fort lucrative, vû que la Loi dit qu'ils sont les maîtres des causes ; aussi le font-ils bien connoître. Leur multitude & la multiplication & allongement des procès, d'autant que ceux qui ont peu de causes désirent ordinairement les multiplier & allonger, & comme ils le veulent, ils le peuvent aisément. *Loiseau, des Ordres, chap. 8.*

nent lieu cependant à des droits confidérables & à des dépenfes inutiles. Je pafferai
à la maniere dont ils préfentent les moyens
de défenfes & les répliques. Ce qui pourroit
être expofé dans une page d'écriture d'un
beau caractere, fe trouve répandu dans une
forme ridicule, fur une quantité de feuilles
de papier, qu'on appelle rôles ; le caractere eft totalement défiguré par l'affectation avec laquelle il eft écarté & allongé
dans un fens contraire au naturel. Tout l'art
confifte à remplir le plus de papier, avec le
moins de mots qu'il eft poffible, & à dire
le moins poffible de chofes, en plus de mots.
Cependant le prix du papier que les Procureurs prodiguent ainfi aux dépens des Parties, dont les intérêts leur font confiés, excé-
de vingt fois fa valeur intrinféque. Quelle
eft donc la caufe de ce facrifice évident
de l'intérêt des Parties, au profit du Traitant,
qui vend le papier ? C'eft que l'intérêt du
Procureur, contraire à celui de fa Partie,
eft en quelque façon affocié à celui du Trai-

tant ; ce Procureur ayant droit de se faire payer , non à raison de son travail, mais à raison de la quantité de papier qu'il a ainsi barbouillé.

Quand on a mis par écrit à grands frais ce que les Parties pouvoient dire de part & d'autre, il ne s'agiroit que de porter la contestation devant le Juge , pour obtenir une décision definitive ; mais par un usage qui peut être qualifié au moins d'abus, les Procureurs , même ceux qui jouissent de la meilleure réputation , avant d'aller à l'Audience ont imaginé de prendre au Greffe trois Sentences par défaut l'un contre l'autre , auxquelles ils forment opposition ; & ce n'est qu'après s'être laissé condamner respectivement trois fois , qu'ils font paroître la cause à l'Audience. N'est-ce pas encore trahir évidemment l'intérêt des Parties , & le sacrifier au profit du Traitant, qui fournit le papier & le parchemin, de ces procédures inutiles, à celui du Greffier & des Huissiers qui en partagent les frais ? Chacune de ces

Sentences occasionne au moins neuf livres de frais, tant pour l'avenir, honoraire de l'Avocat qui n'en sçait rien, droit de son Clerc, Sentence & opposition. Chacun des Procureurs en obtient au moins cent dans une année, ce qui fait pour les quatre cens Procureurs trois cens soixante mille livres. N'est-ce pas d'ailleurs perdre un temps très-précieux pour les Parties ? Les Juges pour-roient facilement empêcher cet abus, en ne recevant aucune opposition aux Senten-ces qu'un Procureur auroit laissé obtenir par défaut contre lui, ou en le chargeant personnellement des frais qu'il auroit occa-sionné par sa négligence ou sa collusion, [1]

---

[1] L'Auteur du nouveau Commentaire de l'Ordon-nance de 1667, après avoir parlé dans sa Préface des inconvéniens de la procédure, dit, « Mais tous ces incon-véniens, quelque grands qu'ils soient, ne viennent point de la procédure en elle-même, c'est uniquement à l'a-bus qu'en font les parties, & les Ministres inférieurs de la Justice qu'il faut en attribuer la cause, *& principale-ment à la facilité que la plûpart des Juges ont à tolérer cet abus & à leur négligence à les reprimer, comme ils le pour-roient faire aisément.* »

ſans pouvoir les répéter , même contre ſes
Parties.

J'ai vû dans la premiere Juriſdiction ordinaire de Paris, un exemple auſſi honteux
de la préférence que les Procureurs don-
noient à leur intérêt, ſur celui de leurs Parties. Les Actes que les Procureurs ſe font
ſignifier les uns aux autres , ſont donnés à
des Huiſſiers , qu'on appelle Audienciers ;
parce qu'ils ſervent aux Audiences. Ces
Huiſſiers portent ces Actes ou les font porter , & ont droit de percevoir deux ſols ſix
deniers pour chaque ſignification faite à l'ordinaire : c'eſt-à-dire, à l'heure fixée pour
les recevoir. Lorſqu'il ſurvient quelque choſe
à faire ſignifier extraordinairement, les Huiſſiers les font porter ; & ont droit de percevoir cinq ſols pour chacun. Les Procureurs avoient fait un pacte avec les Huiſſiers,
par lequel ils étoient convenus de payer
quatre ſols ſeulement les ſignifications ex-
traordinaires , & qu'ils les feroient faire
toutes de cette maniere ; enſorte que les

Procureurs

Procureurs gagnoient à ce marché quarante pour cent ; où ils ne devoient rien gagner ; les Huissiers augmentoient les émolumens de leur Charge de soixante pour cent , & il en coûtoit aux Parties cent pour cent. On portoit ces significations pendant la nuit chez les Procureurs , qui avoient pratiqué à leurs portes ou fenêtres des boëtes , comme celles où on met les Lettres. Quelle confiance peüvent mériter des Mandataires aussi infideles & aussi peu économes ? Je ne sçais si cette manœuvre se pratique encore. En n'estimant que vingt sols par jour , ce que chaque Procureur gagnoit à ce marché inique , on trouveroit pour les deux cens trente-six Procureurs , en trois cens jours seulement , soixante-dix mille huit cens livres ; & pour les Huissiers , cent six mille deux cens livres , ce qui feroit un total de cent soixante - dix - sept mille livres. Supposons qu'il ne fût que de moitié ; c'étoit toujours une exaction considérable sur les Plaideurs.

Si la contestation est compliquée , ou si

elle l'eſt devenue par les incidens , on appointe les Parties à écrire, produire & contredire ; c'eſt alors que la cauſe, devenue
inſtance , [1] groſſit à vûe d'œil. On ré-
péte cinq ou ſix fois les mêmes choſes dans
des avertiſſemens, inventaires de productions,
dans des contredits & ſalvations , dans des
requêtes , demandes reglées , demandes en
jugeant , requêtes d'emploi, pour ſatisfaire
aux réglemens. On réſerve des pièces pour
produire par production nouvelle ; pour
donner lieu à de nouveaux contredits , &
à de nouvelles ſalvations ; toutes ces écritures ſont miſes en groſſe , c'eſt-à-dire ,
étendues ſur la plus grande quantité poſſi-
ble de ce papier ſi cher & ſi peu ménagé :
les ſacs ſe multiplient & ſe rempliſſent ;

[1] On appelle cauſe une conteſtation qui ſe porte à
l'Audience, pour être jugée ſur les plaidoieries des avocats ou des Procureurs. On l'appelle inſtance , lorſque les
Juges ne croyant pas pouvoir la décider à l'Audience, ap-
pointent les parties à écrire, produire & contredire. Souvent les Procureurs, ſans la participation des Juges , con-
ſentent, au préjudice des Parties , des Sentences, qui ap-
pointent ſur des conteſtations fort ſimples.

enfin une Inftance où il s'agit fouvent d'un objet très-modique, devient d'un volume & d'un poids effrayant.

Le travail même des Avocats eft eftimé en Juftice, fuivant cette proportion ridicule de la quantité de papier fur lequel il eft préfenté; delà, cette affectation bizarre de mettre en groffe leurs écritures. Je fuis toujours furpris qu'un ordre, qui en général, penfe noblement, qui eft le feul fur lequel l'empire de la vénalité ne fe foit pas étendu, parce qu'il exige des qualités qu'on ne vend pas, ait laiffé introduire un ufage auffi contraire à fon honneur. Il a regardé comme une atteinte à fa gloire la loi par laquelle les Magiftrats avoient voulu obliger les Avocats de mettre un reçu au bas de leurs écritures; mais n'eft-ce pas mettre un reçu que de les préfenter dans une forme onéreufe aux Parties, fous laquelle elles feront taxées? N'eft-il pas plus deshonorant de voir la fignature d'un Avocat au bas d'une piéce d'écritures très-longue, écrite d'une maniere ridicule, qu'on sçait devoir coûter à la Partie, au moins à proportion de cette longueur, & du volume qu'elle remplit, que de voir au bas d'un précis imprimé ou écrit en beaux caracteres une quittance, ou un témoignage de la reconnoissance du client envers son défenseur ? Quelle est la profession dans le monde où le salaire n'est pas joint à la gloire ? [1] Il n'est pas déshonorant d'être payé, en exerçant un art pénible, utile & glorieux ; les Médecins font-ils déshonorés pour donner quittances de leurs honoraires ? [2] S'il y avoit

[1] Par un Réglement de l'année 1363, il fut ordonné, qu'en prêtant le serment aux ouvertures du Parlement, on feroit un rôle des principaux Avocats, qui en feroient charge pendant la séance ; qu'ils feroient brefs en leur plaidoyers & écritures ; que pour la conduite d'une cause, ils ne recevroient pas plus de trente livres tournois, qui étoit une assez grande somme, car par la même Ordonnance on ne taxe à un Conseiller allant en commission à six chevaux, que soixante sols par jour, de quelque qualité qu'il soit, ce qui montre le compte, & l'état qu'on faisoit lors du labeur d'un Avocat. Les trente livres, valans en ce temps plus de cent écus d'aujourd'hui. *Dialogue des Avocats, par Me Antoine Loisel. Premiere Conférence du mois de Mai* 1601.

[2] Ces trente livres vaudroient aujourd'hui plus de

un droit établi sur le papier, que serviroit à écrire leurs Ordonnances ou Consultations, ne seroit-il pas plus déshonorant de les écrire sur une multitude de feuilles de ce papier, afin d'augmenter leur payement ?

Cet usage de mettre en grosse les écritures d'Avocat, & de les estimer en Justice, à proportion de leur longueur, [1] ne peut qu'avilir cette profession ; il est contraire à l'intérêt de la Partie, premierement par la perte du papier timbré, secondement parce que les Juges dégoûtés de la forme & de la longueur de ces écritures, ne les lisent pas : ce qui oblige de faire imprimer des Mémoires pour les instruire, & fait un dou-

six cens livres. A présent les Avocats donnent par la main de leur Clercs des quittances des sommes qu'ils reçoivent pour honoraires : ils signent même de leur propre main les quittances des pensions qu'ils reçoivent pour assister de leur conseil, à des jours réglés, les personnes de condition & les gens riches, pour la conduite de leurs affaires.

[1] Me Antoine Loisel, ci-dessus cité, nous apprend que Me Marechal, Avocat, ayant fait des salvations assez breves, la Cour lui en avoit taxé trente livres parisis, somme alors très-considérable, ce qui prouve qu'on ne taxoit pas alors les écritures à raison de la quantité de rôles.

ble emploi ; enfin parce qu'il multiplie le droit de révision qui a été accordé aux Procureurs, moyennant une somme de cent mille livres, & qui leur a produit plus de quarante fois leur capital, outre l'intérêt. [1]

Envain Louis XIV. de glorieuse mémoire a donné les plus belles & les plus sages Ordonnances pour la réformation de la Justice, envain il a reglé la forme de procéder. L'article le plus important est demeuré sans exécution, c'est-à-dire, l'Article XIII,

---

[1] Ce droit de révision est de la moitié de l'estimation du travail des Avocats, c'est-à-dire, de dix sols par rôle. Il a été rétabli en faveur des Procureurs au Parlement, en 1693, moyennant cent mille livres qu'ils ont payé au Roi dans un besoin pressant, non seulement pour ce droit, mais encore pour racheter vingt Charges de Procureurs créées pour la Chambre du Trésor, & pour les autres Jurisdictions de l'enclos du Palais. En supposant que chacun des quatre cens Procureurs n'ait eu annuellement, l'un portant l'autre, que mille rôles d'écritures d'Avocat dans son Etude, ce qui n'est pas exageré, eu égard à la quantité qu'on en fait dans les instances d'ordre, les quatre cens Procureurs auroient perçu depuis 1693, pour ce droit, sept millions, deux cens mille livres, au lieu de trois cens soixante mille livres qu'auroient pû leur produire au denier vingt les cent mille livres par eux payées. Y a-t-il jamais eu dans les Fermes du Roi, qui sont si lucratives, aucun traité aussi avantageux ?

du Titre XXXI. des dépens de l'Ordonnance de 1667. L'intention de ce grand Législateur étoit qu'il fût dreſſé & mis au Greffe de chaque Juriſdiction, un tableau ou regiſtre, dans lequel feroient écrits tous les droits qui doivent entrer en taxe. Ce tableau n'a pas été dreſſé : il y a eu différens Réglemens à ce ſujet, mais tous ont le défaut eſſentiel d'eſtimer les écritures à raiſon de la quantité de rôles. Il ſemble que la Juſtice ait voulu propoſer des prix à ceux qui ſçauroient le mieux faire des amplifications, ou qu'elle ait voulu favoriſer les Traitans qui vendent le papier. Envain elle a fixé le nombre de lignes qui doivent entrer dans une page, le nombre de ſyllabes qui doivent entrer dans une ligne. On voit que ſes Réglemens ne ſont point obſervés ; que des lignes d'écritures ne contiennent ſouvent que quatre ou cinq ſyllabes, au lieu de quinze que preſcrivent les Réglemens. D'ailleurs, ſi on aſtreint à mettre un certain nombre de ſyllabes, on ne multipliera pas moins les rôles , en multipliant les mots , d'autant que ce sont les Procureurs qui se taxent réciproquement leurs frais. N'est-ce pas comme si on donnoit des passages à garder à des contrebandiers ?

Il faudroit donc adopter une autre regle plus sage , plus économe , pour fixer les frais qui doivent entrer en taxe : de maniere que les Parties pûssent sçavoir à quoi s'en tenir , & ce qu'il pourroit leur en coûter pour faire juger tel ou tel Procès. On pourroit dresser un tarif pour chacune des Cours & Jurisdictions , dans lequel , aux termes de l'Article ci-dessus, seroient écrits tous les droits qui doivent entrer en taxe; on distingueroit les causes personnelles, réelles & mixtes , les matieres sommaires. On auroit égard à la valeur des objets contestés ; au prix des logemens & des denrées nécessaires à la vie. Dans le lieu de la Jurisdiction , on a taxé la demande à une somme fixe , souvent trop modique. On n'a pas d'égard au travail qu'elle peut avoir occa-

fonné. On pourroit en augmentant la taxe
de la demande , suivant la nature des affaires , taxer à proportion, à une somme certaine les défenses & les repliques, non com-
pris le papier ; on pourroit prescrire la maniere d'écrire ces défenses & ces repliques,
ensorte que l'original & la copie fussent
également lisibles. Dans les instances ap-
pointées , les Procureurs exposeroient les
faits justifiés par les titres, dont ils feroient
la production , comme ils font dans les instances sur les demandes provisoires en la
Grand'Chambre , qu'on appelle appointe-
mens à mettre, dans lesquelles ils ne font
point de procédures inutiles, parce que leur
frais font taxés à une somme fixe. On pourroit taxer de même à une somme fixe, une
production quelconque ; les Avocats fur ces
productions , donneroient les moyens de
droit , comme ils donnent leurs consultations fur les Mémoires à consulter. On a
fixé en général ce qui doit entrer en taxe
pour leurs plaidoyeries verbales , sans avoir

égard à la nature des affaires, & à ce qui
a été payé par les Parties. On pourroit
fixer de même, mais dans une proportion
plus équitable, ce qui entreroit en taxe
pour leurs plaidoyeries par écrit, sans néanmoins soumettre, par cette fixation, à un
gain limité & mercenaire, l'honoraire qu'on
pourroit leur offrir, mais qu'ils ne doivent
jamais exiger. On ne passe point en taxe
leurs Mémoires imprimés ; cependant les
moyens des Parties y sont ordinairement
présentés d'une maniere plus nette ; tous
les Juges sont mieux instruits ; le Rapporteur a moins de peine. Il seroit donc à propos de taxer honnêtement ces Mémoires,
& de proscrire les écritures en grosse : cela
coûteroit beaucoup moins aux Parties ; &
exciteroit l'honneur & l'émulation chez les
Avocats.

Lorsque le travail des Procureurs auroit
été plus considérable, les Juges pourroient,
en connoissance de cause, adjuger des dom-
mages-intérêts, ou des vacations extraor-

dinaires ; on pourroit même pour intéresser les Procureurs au succès de leurs Parties , & les empêcher de se charger de mauvaises affaires , distinguer ce qui entreroit en taxe pour une cause ou instance gagnée ou perdue ; on pourroit réduire à la moitié ou aux deux tiers de la taxe générale les frais, que le Procureur d'un Demandeur ou d'un Défendeur qui succomberoit, pourroit répéter contre sa Partie : enfin le seul moyen de rétablir l'ordre , la netteté & la précision dans l'instruction des Procès , est de faire ensorte que le Procureur ne trouve pas son intérêt dans la multiplicité des procédures. J'en connois plusieurs qui applaudiroient à cette réforme, qui rendroit l'honneur à leur profession , & distingueroit la probité & les talens. Mais je m'écarte de mon sujet : je n'ai ni mission ni autorité pour proposer des Réglemens. Mon état est de donner des conseils aux Plaideurs : j'ai entrepris d'instruire de ce qui est, & non de ce qui devroit être.

Cette multitude de facs remplis de papier
eft remife au Rapporteur, qui eft un des
Juges auquel l'inftance a été diftribuée, qui
eft chargé de la voir, de l'examiner, &
d'en faire fon rapport aux autres. Ce Rapporteur a un Clerc ou Secrétaire qui eft ordinairement un Praticien initié dans les
myftéres de la procédure, qui fait pour lui
un extrait des titres & de ce qui a été dit
de part & d'autre, c'eft-à-dire, tâche de
retirer les queftions à juger, du cahos où
elles font embarraffées. Les Juges penfent
fans doute que cet extrait n'eft pas à leur
charge : [1] en conféquence ils tolérent
que les Parties payent quelque chofe à leurs

[1] ɔɔ Voulons que par provifion, & en attendant, que
ɔɔ l'état de nos affaires nous puiffe permettre d'augmenter
ɔɔ les gages de nos Officiers de Judicature, pour leur don-
ɔɔ ner moyen de rendre gratuitement la juftice à nos Su-
ɔɔ jets, aucuns de nos Juges ou autres, même de nos Cours,
ɔɔ ne puiffe prendre d'autres épices, falaires, ni vacations
ɔɔ pour les vifites, rapports & jugement des procès civils,
ɔɔ que celles qui feront taxées par celui qui aura préfidé,
ɔɔ *fans qu'on puiffe prendre* ni recevoir aucuns droits, fous
ɔɔ prétexte d'extrait, *Sciendum* ou d'Arrêt. *Edit du mois de*
ɔɔ *Mars 1673, concernant les Epices & Vacations, article*
ɔɔ *premier.*

Secrétaires pour leurs peines. [1] Mais ils ne fçavent pas vrai-femblablement à quel point ceux-ci abufent de la permiffion. Ils exigent d'autant plus ; que leurs droits ne font fixés par aucune Loi, & que les Parties défirent d'être jugées plus prompte-ment ; ils leur vendent au poids de l'or l'expédition fuppofée, à tous de préférence. On croit même pouvoir acheter d'eux la certitude de gagner fon procès. Ce préjugé eft devénu auffi commun, qu'il eft injutieux

---

Et à l'Article 29 du même Edit :

» Les Clercs ou Commis des Préfidens, Maîtres des Re-
» quêtes, Confeillers, de nos Avocats & Procureurs Gé-
» néraux, & de leurs Subftituts, & des Greffiers & Avo-
» cats, ne pourront prendre & recevoir plus grands droirs
» que ceux qui paffent en taxé aux Parties, encore qu'ils
» leur fuffent volontairement offerts, à peine d'exaction,
» qui pourra être prouvée par la dépofition de fix témoins,
» quoi qu'intéreffés, & qu'ils dépofent de faits finguliers.

[1] Les Epices à bien entendre ne font attribuées pour le falaire des Juges, qui vacquent aux heures du Confeil, au jugement des procès par écrit, mais feulement *pour payer le Rapporteur du Labeur qu'il a pû avoir & extraire le procès en fa maifon.* Auffi par les anciennes Ordonnances font-elles attribuées au Rapporteur feul, comme il fe garde encore en la Grand'Chambre du Parlement. *Loifeau, du profit des Offices,* n. 35.

aux Magistrats, & utile à leurs Secrétaires,
qui font des fortunes auffi confidérables &
auffi rapides qu'on puifle en faire dans les
meilleurs Emplois de la Finance.

Enfin le Rapporteur fait fon rapport, fur
lequel les autres Juges décident. Souvent
leur jugement n'eft pas définitif; & après
l'inftruction la plus ample & la plus coû-
teufe, on n'obtient qu'un jugement qu'on
appelle interlocutoire, c'eft-à-dire, par lequel on ordonne, avant faire droit, que
l'une ou l'autre des Parties rapportera la
preuve de quelque fait, ou la mefure & le
plan de quelque héritage, ou qu'il fera fait
quelque vifite ou eftimation par Experts.
Ces opérations font encore extrêmement
coûteufes, par les vacations des Juges qui
font l'enquête, les taxes des témoins qui
font entendus, ou les vacations & rapports
des Experts. Les expéditions de ces enquê-
tes ou de ces rapports, font encore mifes
en groffe, parce que les Greffiers, qui les
expedient, ont auffi le droit d'être payés,

à raison de la quantité de papier qu'ils employent ; enfin lorsqu'on a fait ce qui a été ordonné , nouvel appointement , en vertu duquel on écrit de nouveau , on produit & on contredit ; nouvelles exactions du Secrétaire ; il faut consigner des vacations , [1] & on procéde au jugement définitif.

Dans quelles transes n'est pas alors un pauvre Plaideur ? Il faut l'avoir été pour pouvoir l'exprimer. Je juge par l'inquiétude que j'ai essuyée , sur le jugement des procès que j'ai défendus , de l'inquiétude plus grande que doivent avoir les Parties. On pourroit la comparer à celle d'un joueur , qui

_____

[1] Par-tout, où l'argent trouve entrée, quelque petite qu'elle soit, il s'en rend enfin le maître, & en chasse ou éloigne l'honneur & la vertu, desquels il est ennemi. Aussi cette invention d'épices d'or, ayant été établie, les Juges ont voulu au semblable avoir taxe des expéditions qu'ils font aux procès, hors les heures auxquelles ils doivent assistance & service en leurs Offices, qui sont les heures d'Audience & de Conseil, pour lesquelles ils confessent bien ne devoir prendre aucun salaire. Ainsi voit-on que Messieurs les Conseillers & Messeigneurs les Présidens de la Cour de Parlement prennent salaire des vacations qu'ils font aux procès de Commissaires, hors les heures qu'ils doivent assistance à l'Ordinaire. *Loiseau, du profit des Offices,* n. 34 & 44.

â eu la témérité d'expofer fa fortune à un coup de dez ; en effet il eft paffé en proverbe que ce qui eft au jugement des hommes eft incertain. [1]

Quelque intégres & éclairés qu'on fuppofe les Juges, la foibleffe humaine, la diverfité des efprits & des caracteres, doit toujours faire trembler jufqu'à ce que le jugement foit prononcé ou figné. Tel gagne un grand procès d'une voix, qui fans cette voix, l'auroit perdu, & auroit été ruiné fans reffource. Tel a gagné dans une Chambre du Parlement, qui auroit perdu dans une autre.

Je ne fuppoferai pas avec le vulgaire, toujours prévenu, qu'il y ait des Juges qui, abufans de leur génie & de leurs talens, préfentent les affaires dans un fens favorable aux Parties qu'ils veulent protéger, font

______

[1] C'eft par cette raifon, fans doute, que le Juge Bridoye, dont parle Rabelais, liv. III , chap. XXXVII & XXXVIII, jugeoit les procès avec des dez. *Voyez ces deux Chapitres.*

pancher

pancher la balance du côté qui leur plaît,
& font triompher fciemment l'injuftice & la
mauvaife foi ; d'autres, qui moins occupés
du foin de remplir les devoirs de leur Charge, que de paffer leur temps agréablement,
jugent pour ainfi dire au hazard, fe laiffent
emporter par le crédit & la faveur, ou-
vrent leur cœur aux charmes d'un fexe fédui-
fant, & n'ont d'autre décifion que celle
qu'on leur infpire. Le mal ne doit pas fe
préfumer, il feroit cependant à propos que
les Magiftrats détruififfent ce préjugé fur
les effets puiffans des follicitations, en n'en
fouffrant abfolument aucunes, & les punif-
fant même, comme injurieufes.

Le moyen d'y parvenir feroit de remettre
fur les yeux de la Juftice le bandeau avec lequel
elle étoit autrefois repréfentée, pour marquer
qu'elle devoit toujours juger fans acception
de perfonnes, c'eft-à-dire, faire enforte que
les Parties ne pûffent fçavoir quel feroit
leur Rapporteur, & quand elles feroient
jugées ; que la juftice fût rendue indifférem-

C

ment , même pour l'expédition , au pauvre
comme au riche , au plus puissant, comme
au plus foible ; & que lorsqu'on ne pourroit
expédier toutes les contestations prêtes à
juger , le sort seul décidât de la préférence.
Il y auroit encore sur cette matiere de bons
Réglemens à proposer , mais qui ne sont pas
de mon sujet.

Lorsque les Juges ont décidé , si la Partie
condamnée ne veut pas se soumettre , il
faut pour pouvoir la contraindre , faire expédier le Jugement. Pour y parvenir il faut
d'abord payer au Secrétaire un droit pour
remettre les piéces. Au Greffe il faut payer
les épices qui ont été taxées , payer le
Greffier pour faire le vû , c'est-à-dire , pour
annoncer toutes les procédures qui ont été
faites ; enfin pour l'expédition , tout cela
ne se fait pas sans des dépenses considérables.

Les Oracles de la Justice devroient être
écrits en lettres d'or, ou du moins en beaux
caracteres , corrects & lisibles ; mais les be-

ſoins de l'Etat ont encore répandu leur ma-
ligne influence ſur cet objet ; des particuliers ont acheté le droit d'écrire les Jugemens , & d'être payés en raiſon inverſe de
la beauté & de la correction de leur écriture, c'eſt-à-dire, que plus ils la défigurent ,
plus ils gâtent de parchemin , plus ils ſont
récompenſés. Ce ſont encore des Traitans
écrivains , aſſociés à ceux qui vendent le
parchemin, qui gagnent d'autant plus, qu'ils
ſont plus mal. [1]

---

[1] On ne peut ſe diſpenſer, à l'égard de ces Ecrivains,
d'eſtimer leur ouvrage à raiſon de la longueur, parce qu'ils
n'y mettent rien du leur, & ne font que copier ; mais
on pourroit les obliger de ſe conformer aux Réglemens,
& avoir plus d'attention à leur écriture.

En 1691, le Roi, par une Déclaration, diſoit qu'il avoit
reçu pluſieurs Plaintes & Mémoires en ſon Conſeil de ce
que les Greffiers, Procureurs, Huiſſiers, Sergens & autres
Officiers, *affectoient de mettre ſur un rôle de papier ou par-*
chemin, *autant d'écritures qu'en devoient contenir pluſieurs :*
pourquoi, après avoir pris les avis des Procureurs - Géné-
raux & Officiers des Cours, & avoir fait examiner le tout
en ſon Conſeil, ayant été trouvé néceſſaire d'arrêter le
cours des abus & contraventions par un Réglement certain, il a ordonné que les Arrêts du Parlement, Chambre
des Comptes & Cours des Aydes, dont il reſte minute au
Greffe, ſeront expédiés en parchemin, d'un ſeul volume,
dont la page contiendra 22 lignes, quinze ſyllabes à la ligne,
une ligne compenſant l'autre.

Il eſt aiſé de voir que ces Officiers ſe ſont bien corrigés,

Combien de foins , de peines , d'inquiétudes & de dépenfes pour obtenir ce Jugement ; mais il n'eft pas en dernier reſſort.
La Partie condamnée , qui fe rendoit , fi il
n'étoit queftion que de l'objet contefté , fe
voyant ruinée par la condamnation de dépens , rifque le tout pour le tout , elle in-
terjette appel. Il fembleroit que pour fçavoir
fi les premiers Juges ont bien ou mal jugé , il
ne s'agiroit que de préfenter devant les Juges fupérieurs toute la premiere inftruction ,
avec le Jugement , & attendre avec refpect
leur Arrêt. Mais il faut encore eſſuyer une nouvelle inftruction : ce qui fe nommoit inftance
devant les premiers Juges , devient devant
les Juges d'appel , un procès par écrit ; ce
qui étoit une fimple caufe , devient une inftance , par le moyen des ajoutés. Au rôle
on fignifie des griefs , ou des caufes & moyens
d'appel , des réponfes , falvations , &c. qui

---

puifqu'à préfent ils mettent fur plufieurs rôles ce qui devoit , fuivant cette Déclaration , donnée en faveur des Fer-
miers du papier & parchemin , être mis fur un feul.

grossissent d'autant plus le procès. Dirai-je,
que moyennant quelques louis, on est distri-
bué à quelle Chambre on veut, qu'on a
le Rapporteur qu'on désire, & que par-là
on achete un succès presque certain ? Pourquoi ne le dirois-je pas, puisque c'est la
vérité, & que ceux qui ont le talent d'opé-
rer ces merveilles, seroient fâchés qu'on
l'ignorât ? Il faut encore payer un Secrétaire pour l'extrait & la remise ; le Greffier
pour le vû & la façon de l'Arrêt ; il faut
consigner des vacations, avant le Jugement ;
payer des épices après ; il faut encore payer
l'expédition de l'Arrêt. S'il y a quelque
chose qui intéresse le ministére public, il
faut payer un autre Secrétaire d'un Substi-
tut de Monsieur le Procureur-Général, pour
lui faire l'extrait du Procès. Il ne faut pas
moins payer des épices pour ses Conclu-
sions. La Partie condamnée devient insol-
vable, & le victorieux se trouve ruiné. Si
il étoit permis de comparer les guerres que
se font les Souverains, avec les querelles,

des Particuliers, on diroit que comme les
Souverains, après avoir fait de grands efforts
& remporté de grandes victoires, se trouvent, à la paix qui est la fin du procès,
épuisés d'hommes, d'argent & de forces de
toute espèce, & s'en ressentent long-tems :
de même celui qui a gagné un procès, se
trouve épuisé : si il en a gagné plusieurs,
il se trouve ruiné. Boileau étoit bien con-
vaincu de cette vérité, lorsqu'il disoit à
son ami :

> Crois-moi, dût Auzanet t'assurer du succès,
> Abbé, n'entreprens pas même un juste procès,
> N'imite pas ces fols, dont la sotte avarice,
> Va de ses revenus engraisser la Justice ;
> Qui toujours assignans, & toujours assignés,
> Souvent demeurent gueux de vingt procès gagnés.
> *Epître à l'Abbé Desroches.*

C'est ainsi que s'instruisent les procès de
particulier à particulier. On voit que cette
instruction est tout-à-fait ruineuse ; mais ce
n'est rien, si on la compare à l'instruction
des procès, qu'occasionne entre plusieurs
particuliers, le partage des dépouilles de

leur débiteur commun , c'eft-à-dire , ce qu'on appelle en Juftice , l'ordre & diftribution du prix des immeubles faifis réellement & vendus par décret , & la préférence pour les fommes mobiliaires , ou le prix des meubles.

Les Loix qui reglent cette diftribution font fi claires , fi précifes , & fi peu ignorées , qu'il n'eft aucun créancier qui , connoiffant les titres des autres , ne fe plaçât lui-même à fon rang ; mais l'intérêt des miniftres de la Juftice prévaut encore ici fur l'intérêt général. On obferve à cet égard la forme la plus abufive , par le moyen de laquelle le prix des biens les plus confidérables , fe trouve englouti dans un gouffre de procédures fruftratoires & inutiles. Il y a long-tems qu'on fe plaint de cette forme , qu'on reclame l'autorité Souveraine pour avoir de bonnes loix fur cette matiere. [1]

____

[1] Voyez le Traité de la vente des Immeubles par décret, par M. de Héricourt, chap. 14.

Les Etats assemblés à Blois l'ont demandé dès 1588 , mais on a été obligé de soutenir des guerres. On n'a eu ni le temps de songer au bonheur des Peuples , ni le pouvoir de les rendre heureux. Les soins & l'argent qu'on auroit pû donner à la police de l'Etat , on a été obligé de les donner à sa sûreté. Il faut un grand nombre d'années de paix pour pouvoir réparer les désordres causés par une année de guerre. Les besoins pressans ont occasionné des créations d'offices , c'est-à-dire , des traités , par lesquels on a attribué à des Particuliers des droits sur le prix des biens saisis & vendus par décret. Tels que les droits des Commissaires aux Saisies Réelles & de Consignation, qui sont considérables , & absorbent une partie des biens , au préjudice des Créanciers & des Parties saisies. On pourroit dire que ces droits ont pour cause un établissement utile ; mais ce qui donne au droit de consignation le caractere d'impôt, c'est qu'il se perçoit souvent sur ce qui n'est pas configné, [1] & par un fous-traité qu'on qualifiera, comme on jugera à propos, les Procureurs qui ont l'habileté de tourner leur procédure, de maniere qu'elle donne lieu à ce droit, font récompenfés par le Traitant, qui les affoc'e avec lui, en leur remettant une partie des droits qu'ils lui occafionnent.

A l'égard de la maniere de fixer l'ordre dans lequel les Créanciers doivent toucher le prix des biens vendus, elle ne peut être excufée ; elle eft diamétralement oppofée à l'intérêt des Créanciers & du Débiteur.

Lorfqu'un héritage eft adjugé, & le prix configné, le Procureur du pourfuivant ob-

---

[1] Loifeau parlant de l'Edit qui devoit créer des Offices de Receveur des Confignations & Commiffaires aux Saifies Réelles, difoit :

>> Auffi il y a long-tems qu'on dit qu'il y a Edit arrêté
>> pour ériger en titre d'Office des Commiffaires & Gar-
>> diens des biens faifis, qui fera à mon avis un bon Edit,
>> pourvû que le fifc n'y prenne rien ou peu, autrement
>> ce feroit chofe dangereufe & honteufe qu'il profitât de
>> la mifere des plus miférables, & qu'il prît part aux biens
>> de ceux qui n'en ayant pas affez pour s'acquitter, font
>> au-dela du pain, comme ont dit communément. >>

tient un Jugement qui appointe tous les oppofans à écrire, produire & contredire. On a vû ci-devant ce que c'eft qu'une conteftation appointée entre deux particuliers. On peut juger ce qu'elle fera, lorfqu'elle fera appointée entre deux ou trois cens Parties. Le Procureur pourfuivant, fournit pour fa Partie des caufes & moyens de fon oppofition, des requêtes, inventaire de production, & il produit fes titres de créance. Chacun des créanciers fait de même fa production. Le Procureur pourfuivant & le Procureur plus ancien des oppofans, font alternativement la choüette à tous les créanciers. Quoique convaincus du droit de chacun, ils ne laiffent pas échapper l'occafion de gagner, en propofant des difficultés, en faifant fignifier de longues écritures, pour dire qu'ils s'en rapportent à la prudence de la Cour; les facs fe multiplient à l'infini, l'inftruction dure un temps trèsconfidérable, pendant lequel les créanciers font privés de leur argent; les intérêts cour sent contre le débiteur ; les frais de l'ordre se prenant sur les fonds consignés ; les différens entre les opposans se jugent aux dépens de ceux qui n'y ont aucun intérêt, dont les collocations ne peuvent être contestées. Les vacations des Commissaires & les épices multiplient encore extraordinairement les frais. Enfin il intervient un Jugement sur l'ordre, qui n'est, à proprement parler, qu'une liste des créanciers dans l'ordre de leurs hypotéques ou priviléges. On ne manque pas de viser bien au long dans ce Jugement, toutes les procédures : il est expédié dans la même forme & avec encore moins d'économie que les autres. On en voit en cinq & six mille rôles de parchemin. Ce Jugement est signifié à tous les créanciers ; le droit de copie est taxé au Procureur, à raison de tant du rôle de la grosse. La seule signification lui vaut quelquefois quarante & cinquante mille livres. On peut juger à combien doivent monter les frais qui l'ont précédé. Qu'on ne foit donc plus étonné fi le prix des biens les plus confidérables fe trouve abforbé ; qu'on n'impute pas même aux Procureurs feuls ces effets malheureux : ils font autorifés par l'appointement, qui étant une fois pro-noncé, tout le refte en devient l'effet & la fuite, comme indifpenfable. [1]

Pour éviter une partie de ces inconvé-niens, diminuer les frais, & accélérer le payement des créanciers, on avoit ima-giné des directions ; mais, dit Me Denizar, en fa Collection de Jurifprudence, au mot Direction, ,, l'expérience juftifie qu'elles ,, font plus ruineufes que les décrets, & ,, qu'elles font infiniment plus longues. Des ,, Directeurs des Séqueftres, & des Agens

---

[1] Voyez encore le Traité de la vente des immeubles, ci-deffus cité. L'Auteur propofe des moyens bien fimples de remédier à ces inconvéniens. Je ne les rapporterai pas, parce qu'ils ne dépendent pas des Parties. J'obferverai feu-lement que ces frais immenfes des décrets & des ordres, banniffent toute confiance ; les priviléges & les hypotéques fur les fonds les plus confidérables étant rendus inutiles, on ne veut plus prêter pour compenfer les bénéfices avec les rifques ; on ne prête plus qu'à ufure.

[45]

,, font à peine hommés, qu'ils oublient
,, qu'ils ne font que mandataires chargés
,, de rendre compté ; devenus maîtres de
,, l'adminiftration , l'intérêt des créanciers
,, difparoît à leurs yeux , & après un grand
,, ombre d'années , on eft étonné d'appren-
,, dre qu'il n'y a plus rien. ,, (C'eft un Procureur qui fait cette remarque.)

Tels font les inconvéniens & les abus des
proc dans les Jurifdictions qui paffent pour
les m eux réglées , fous les yeux des premiers Magiftrats. Combien d'autres abus fe
commettent dans les Jurifdictions éloignées,
dans les Juftices de Village , par l'ignorance des Juges, l'avidité moins déguifée des
Praticiens ! Combien de chicanes ils fubfti-
tuent à la procédure qu'ils ignorent ! Combien d'inconvéniens dans les différens dégrés
de Juftices reffortiffantes l'une à l'autre ! Il
n'eft pas poffible d'exprimer mieux ces inconvéniens , que l'a fait Loifeau , dans un
difcours fur ce fujet ; c'eft pourquoi j'en
rapporterai mot à mot les principaux traits.

,, Il est notoire, dit-il, que cette multipli-
,, cation de dégrés de Jurisdiction, rend les
,, procès immortels ; & à vrai dire, ce
,, grand nombre de Justices ôte moyen aux
,, Peuples d'avoir justice.

Nec querimur jus non dici legesque silere,
Jus nimium dici querimur.

,, Car qui est le pauvre Paysan qui, plai-
,, dant de ses brebis & de ses vaches, n'ai-
,, me mieux les abandonner à celui qui les
,, retient injustement, qu'être contraint de
,, passer par cinq ou six Justices, avant qu'a-
,, voir Arrêt ; & si il se résout à plaider
,, jusqu'au bout, y a-t-il brebis ou vaches
,, qui puisse tant vivre, même que le maî-
,, tre mourra avant que son procès soit
,, jugé en dernier ressort ? Qui est le mi-
,, neur, qui poursuivant la reddition de
,, son compte aux lieux où il y a tant de dé-
,, grés de Jurisdiction, ne devienne vieil
,, avant d'avoir son bien, si son Tuteur se
,, résout à plaider jusqu'à la fin ? Quelle

,, injuſtice eſt-ce là , qu'un jeune homme
,, paſſe tout ſon âge , employe tout ſon
,, labeur , conſomme tout ſon bien en un
,, méchant procès , & qui pis eſt , appré-
,, hendant l'incertitude de tant de divers
,, Jugemens , il ſoit toute ſa vie en allar-
,, mes , & dans des appréhenſions conti-
,, nuelles d'être ruiné !

,, Si nous appréhendons à notre mal l'au-
,, trui , nous croirons qu'abréger une année
,, de procès au pauvre Peuple , n'eſt pas un
,, moindre bien que de lui épargner une
,, année de maladie & de langueur conti-
,, nuelle.

,, Et ne faut pas dire que c'eſt le ſoula-
,, gement du Peuple , de lui rendre juſtice
,, ſur le lieu. Car , à bien entendre , les frais
,, ſont plus grands en ces petites mangeries
,, de Village , qu'aux amples Juſtices des
,, Villes , où premierement les Juges ne
,, prennent rien des expéditions de l'Au-
,, dience ; & au Village , pour avoir un mé-
,, chant appointement de cauſe , il faut

,, fouler le Juge , le Greffier & les Procu-
,, reurs de la cause , en une belle taverne ,
,, qui est le lieu d'honneur , où les Actes
,, sont composés , & où bien souvent les
,, causes sont jugées à l'avantage de celui
,, qui paye l'écot. Et quant aux causes ap-
,, pointées en Droit , car il ne s'en juge
,, point sur le champ , quelque légères
,, qu'elles soient , il les faut porter aux bon-
,, nes Villes , pour avoir du conseil ; & sous ce
,, prétexte , les épices n'en sont pas moin-
,, dres , outre que quand ces mangeurs &
,, sang-sues de Village ont une riche Partie en
,, main , ils sçavent bien allonger pratique ,
,, & faire durer la cause autant que son argent.

Non missura cutem nisi plena cruoris hirudo.

,, Mais voici le comble du mal , c'est
,, que non-seulement la Justice est lon-
,, gue & de grand coût aux Villages , mais
,, surtout elle y est très-mauvaise , elle est
,, rendue par gens de peu , sans honneur ,
,, sans conscience , gens qui de leur jeunesse

n'ayant

,, n'ayant appris à travailler , ont fait état
,, de vivre aux dépens de la misere d'au-
,, trui , ou qui ayant consommé leurs
,, moyens , tachent à se recourre sur leurs
,, voisins , par la chicanerie qu'ils ont ap-
,, prise en plaidant ; gens accoutumés à
,, vivre en débauche aux tavernes , où ils
,, s'habituent à faire toutes sortes de marchés;
,, gens qui s'allient ensemble pour courir
,, les Villages & Marchés , & changent
,, tous les jours de personnages , parce que
,, celui qui est aujourd'hui Juge en un Vil-
,, lage , est demain Greffier en l'autre ,
,, après demain Procureur de Seigneurie
,, en un autre , puis Sergent en un autre ,
,, & encore en un autre il postule pour les
,, Parties ; & ainsi vivans ensemble & s'en-
,, tr'entendans , ils se renvoyent la pelotte ,
,, ou pour mieux dire , la bourse , comme
,, larrons en foire.
,, C'est la ruine d'un Village d'y avoir
,, Justice : car cela apprend à plaider aux
,, Paysans , & les détourne de leur travail.

D

,, S'il y a une ligue de chicaneurs, ils tien-
,, nent tous les bons Laboureurs en bride;
,, si il y a un bon ménager, ces chicaneurs
,, lui courrent sus, & ne cessent qu'ils ne
,, l'ayent ruiné; que si on dit en proverbe
,, qu'il ne faut qu'un Sergent pour ruiner
,, un Village, que sera-ce, si il y a un nom-
,, bre complet d'Officiers ?

    Il conclud en disant ,, le plus grand &
,, le plus important abus qui soit en Fran-
,, ce, ce sont ces mangeries de Village, que
,, je ne peux appeller Justices, parce qu'il
,, ne s'y fait rien moins que la Justice.

    Ces abus, loin d'être diminués depuis le
temps où Loiseau écrivoit, sont plutôt au-
gmentés. Les Praticiens se sont multipliés
dans les Villages, & s'occupent à semer par-
tout la discorde, pour en recueillir les fruits.

    Un Gentilhomme dans sa Terre, un La-
boureur, un Artisan a-t-il quelque préten-
tion à exercer, quelque intérêt à discuter?
il va trouver un Praticien, qui souvent plus
ignorant que celui qui le consulte, toujours

plus occupé de son intérêt, lui conseille de donner une assignation, comme un Chirurgien de Village, appellé pour voir un malade, conseille & exécute aussi-tôt une saignée.

Une assignation donnée aigrit les esprits, enfante des volumes d'écritures & de procédures : les frais deviennent bientôt plus considérables que l'objet du litige, & font un obstacle à la conciliation. L'affaire est portée de Tribunaux en Tribunaux, les procès deviennent un objet de commerce ; le Praticien d'une Justice de Village a pour correspondant un Procureur dans la Jurisdiction supérieure à la sienne : celui-ci un Procureur d'un Bailliage ou Sénéchaussée, & ceux-ci ont pour correspondans des Procureurs au Parlement. Aucun de ces différens correspondans ne conseille la paix, tous au contraire sçavent flatter les passions des plaideurs.

Et dans les cœurs brûlans de la soif de plaider,
Versent l'amour de nuire & la peur de céder.
Boileau, Poëme du Lutrin.

Lorsque cës différens correspondans s'envoyent quelque procès , rarement font-ils
mention de la juftice ou de l'injuftice des
prétentions de leurs Parties ; mais ils ont
foin de s'inftruire de leurs facultés : font-elles
riches, ou font-elles pauvres ; voilà ce qu'il
importe le plus de fçavoir. Si elles font riches,
leur procès , bon ou mauvais , fera inftruit
le plus amplement. Lorfqu'il arrive, le Procureur regarde feulement l'étiquette du fac ;
fi c'eft un appel , il l'envoye auffi-tôt à un
Avocat, qui après avoir été Clerc chez lui,
a pris ce titre trop aifé à obtenir , auquel
il marque de faire des griefs , comme il lui
difoit étant Clerc de faire une requête. Cet
Avocat examine les procédures faites dans
les premieres Jurifdictions , en fait un long
détail dans le ftyle de Procureur ; fouvent
il apperçoit que l'appel eft mal-fondé , que
la Sentence a bien jugé , & qu'il eft difficile de propofer des griefs raifonnables. Cependant le Procureur lui a envoyé le procès , non pour avoir fon avis , mais pour

faire des griefs : il aura d'abord perdu le temps qu'il a employé à l'examiner, le Procureur ne lui envoyera plus de procès ; c'eſt un jeune Avocat qui cherche à travailler , qui en a beſoin, il ne peut être occupé d'abord que par le moyen des Procureurs. Combien de motifs pour ne pas renvoyer le procès ſans griefs ! Il en cherche , il en propoſe , il les renvoye au Procureur qui les fait mettre en groſſe, juge par leur étendue & leur volume, de l'étendue des lumieres & des talens de l'Avocat , & lui prodigue des louanges , qui ſont ſouvent une partie de ſon payement. Delà vient qu'on ſoutient tant de mauvais procès ; que dans des écritures d'Avocat qui ne devroient être que des diſſertations ſçavantes, ſur des queſtions de droit problématiques , qui ſont à préſent en petit nombre , on met ſouvent en queſtion les maximes les plus conſtantes; que le miniſtére de l'Avocat , qui ne devroit être que le moraliſte & le prédicateur de la vérité & de l'équité, eſt employé hon-

teufement à foutenir le menfonge & l'injuftice, & à ruiner les Parties, qui font fouvent de bonne foi.

Le moyen d'éviter cet inconvénient feroit
que les Parties, avant de s'adreffer au Procureur, fiffent remettre leurs procès entre
les mains d'un Avocat d'une probité reconnue, qui en leur faifant appercevoir l'erreur dans laquelle ils ont été induits, leur
rendroit un fervice plus fignalé que de les
défendre, & les empêcheroit de fe ruiner.

A toutes ces déprédations, il faut ajouter
celles qui fe commettent dans les fucceſ-
fions par les frais d'oppofition & levée de
fcellés, inventaire, vente, liquidations,
comptes & partages. On multiplie les vacations à l'infini par des dires & des incidens
inutiles; on prodigue les rôles de papier
timbré, dont on laiffe un tiers en marge,
& on écarte fur les deux autres tiers trois
ou quatre fyllabes par ligne. [1] Un

____

[1] On trouve dans les Réglemens de la Juftice, Edi-
tion de 1719, page 211, un Arrêt du Parlement rendu

abus énorme, entre autres, est celui du droit de suite du Scel du Châtelet, par lequel, si un particulier meurt à Paris, & qu'il y ait une chambre meublée, & quelquefois une seule valise, un Commissaire au Châtelet vient apposer le scellé sur cette valise ; & si ce particulier a une Terre ou un autre domicile à cent lieues de Paris, le Commissaire, le Notaire, Huissier-Priseur, Procureurs se transportent à grands frais pour apposer les scellés & faire l'inventaire, & consomment en frais les successions les plus considérables. [1] Dans les successions collatérales, surtout les Officiers de la

en 1688, confirmatif d'une Sentence du Lieutenant Civil du Châtelet de Paris, par laquelle des frais d'apposition & levée de scellés, inventaire & vente avoient été taxés & réduits de 1000 livres à 440 livres, tant pour le nombre des vacations qui avoient été multipliés, que par les rôles des procès-verbaux qui ont été réduits, à raison de 22 lignes à la page, & 15 syllabes à la ligne, au lieu de 17 lignes & cinq syllabes qu'ils contenoient. Il n'y a presque point de successions où on ne puisse demander & obtenir de pareilles réductions.

[1] Si il n'y avoit que le Notaire seul qui se transportât pour faire l'inventaire, les droits de contrôle qu'il exempte pourroient dédommager des frais de son transport.

Justice, les regardent comme leur patri-
moine, & penfent ufer de modération,
lorfqu'ils n'emportent qu'une portion d'hé-
ritier. J'ai actuellement fous les yeux l'exemple d'une fucceffion d'environ trente mille
livres, de laquelle les Officiers de la Juftice, fans qu'il y ait eu de conteftation entre
les héritiers, ont d'abord prélevé près de
fix mille livres. C'eft toujours le plus clair
& le plus net qui eft employé à payer ces
frais, qui font toujours privilegiés : il a
fallu dans cette fucceffion, après avoir con-
fommé les deniers comptans, la vaiffelle
d'argent, & le prix des meubles, vendre
encore tous les beftiaux qui fervoient à l'ex-
ploitation des biens-immeubles, pour payer
ces fang-fues qui ne quittent prife, que
lorfqu'il n'y a plus rien. Les héritiers fe
trouvent enfuite propriétaires des biens-
fonds, chargés de payer le centiéme denier,
les droits Seigneuriaux, les impôts ordinaires ; ils n'ont point d'argent pour faire
les réparations, point d'avances pour faire

les cultures, point de beſtiaux pour l'amendement , & c'eſt la Juſtice qui eſt cauſe de
tous ces maux.

Je crois avoir ſuffiſamment dévoilé que l'intérêt des miniſtres de la Juſtice eſt toujours
oppoſé à celui des Parties qui ſont obligées
d'y avoir recours, que par conſéquent toute
perſonne qui fera uſage de ſa raiſon, évitera les procès. Mais , dira-t-on, il eſt auſſi
impoſſible que les hommes vivent ſans différent , qu'il eſt impoſſible qu'ils vivent ſans
paſſions ; leurs intérêts s'entrechoquent de
mille manieres ; on a affaire à un débiteur
de mauvaiſe foi ; on eſt attaqué par un chicaneur, le recours à la Juſtice ne devient-il
pas néceſſaire en pareil cas & dans une infinité d'autres ?

Je réponds que s'il y a des occaſions où
il ſoit indiſpenſable de plaider , elles ſont
en petit nombre : il n'y a preſque point de
different qu'on ne puiſſe terminer par les
voyes de la douceur ou de l'arbitrage ; tous
les hommes ſont ſenſibles aux bons procé

dés ; donnez des facilités à votre débiteur, ne lui faites pas donner une affignation, fans l'avoir prévenu , écoutez fes excufes, prêtez-vous aux arrangemens raifonnables qu'il aura à vous propofer , n'exigez pas de lui l'impoffible ; fi vous avez des droits à exercer contre quelqu'un , ou fi on forme une demande contre vous , parlez ou faites parler à votre adverfaire , propofez-lui d'exercer à l'amiable vos droits refpectifs. N'eft-il pas plus gracieux & plus fage de former fes demandes par l'entremife d'amis communs , que par le miniftere d'un Huiffier ? Ne peut-on fe communiquer fes moyens de défenfes autrement que fur du papier timbré, dans la forme ridicule, dans le ftyle barbare & groffier de la chicane, & avec des dépenfes confidérables ? Si on ne peut s'accorder par l'entremife d'amis communs, ou fi dans des cas particuliers, comme lorf-qu'il s'agit des intérêts des Mineurs ou des Eglifes , Fabriques & Communautés, il eft néceffaire d'avoir recours aux Juges, &

qu'ils prononcent pour la décharge des Tuteurs ou des Administrateurs, qui ne peuvent prendre fur eux une tranfaction ; alors même les Parties, fi elles ne font pas animées par des fentimens de haine, d'ambition, d'orgueil ou de jaloufie, pourront faire à l'amiable tout ce qu'on appelle l'inftruction, convenir des faits, réduire les queftions, & les préfenter de concert à la Juftice, pour obtenir fa décifion. Elles éviteroient par-là une grande partie des frais, & bien des longueurs & procédures inutiles. J'ai vû, entr'autres, l'exemple d'un procès entre deux Eccléfiaftiques, où il s'agiffoit d'un arbre eftimé 28 livres. L'un Seigneur Haut-Jufticier, prétendoit que cet arbre étoit dans un chemin, & lui appartenoit. L'autre foutenoit que cet arbre étoit dans fa Terre. Cette fimple queftion de fait a coûté deux mille huit cens livres au Seigneur Haut-Jufticier qui a fuccombé, & plus de trois cens livres de faux frais au victorieux. Si avant que l'affignation fût

donnée, ces deux Ecclésiastiques s'étoient
réunis pour prendre à l'amiable les éclair-
cissemens coûteux, qui ont précédé le Jü-
gement ; si ils eussent commencé par examiner la position de l'arbre, consulté les
anciens Habitans, vû les Titres, ils auroient
pû faire juger cette question pour 24 liv.
ou plutôt ils n'auroient pas eu de procès.
Pour peu que la question leur eut paru dou-
teuse, ils auroient partagé l'arbre. Combien
d'autres exemples on pourroit citer, où les
Parties ont été ruinées par les frais de l'instruction qu'elles auroient pû faire avant de
plaider !

Pour appuyer encore tout ce que je viens
de dire d'une autorité, je rapporterai ce que
disoit un sage de ce siécle, [1] dans un discours public.

,, Je suppose qu'on vous demande contre

____

[1] M. Jean Barbeyrac, Professeur en Droit & en His-
toire au Collége de Lauzanne, auquel nous devons la
traduction du Droit de la Nature & des Gens, & des devoirs de l'Homme & du Citoyen, par le Baron de Puffen-
dorf, & des notes sçavantes sur ces deux Ouvrages.

,, tout droit & raiſon ce qui vous appar-
,, tient le plus légitimement, le plus inçon-
,, teſtablement. Ah ! perdez plutôt, autant
,, que vous le pouvez, ſans une incommo-
,, dité conſidérable, ſans quelque fâcheux
,, inconvénient ; cedez, ſacrifiez quelque
,, choſe plutôt que d'appeller quelqu'un en
,, Juſtice, ou de vous y laiſſer appeller
,, vous-même. Il en eſt des procès comme
,, de la guerre, la néceſſité ſeule peut juſti-
,, fier ceux qui s'y expoſent ; quand je penſe
,, à la facilité avec laquelle tant de gens
,, vont plaider ſouvent pour des bagatelles,
,, je ne ſçais ce qui doit le plus m'étonner
,, en eux, ou le peu d'attention à leurs
,, devoirs, ou le peu de ſoin de leurs véri-
,, tables intérêts. Qu'eſt-ce qu'un Plaideur ?
,, Enviſageons-le par le plus beau côté.
,, Laiſſons à quartier la mauvaiſe foi, l'eſ-
,, prit de chicane, les voyes obliques, les
,, artifices mis en uſage pour prévenir
,, ou pour corrompre les Juges ; poſons un
,, homme qui croit être bien fondé, & qui

,, l'eſt effectivement, qui ne veut que main-
,, tenir & pourſuivre ſon droit par des voyes
,, légitimes. Qu'eſt-ce qu'un Plaideur con-
,, ſidéré de ce point de vûe ? C'eſt un hom-
,, me qui ne peut gueres être dans une aſ-
,, ſiette tranquille. Le mauvais procédé de
,, ſa Partie l'irrite ; plus il a raiſon, plus il
,, conçoit d'aigreur contre elle, contre tous
,, ceux qui s'intéreſſent pour elle, contre
,, tous ceux qui ont avec elle quelque liai-
,, ſon, quelque relation. C'eſt un homme
,, qui quitte ſes affaires, ſes occupations
,, les plus utiles, les plus agréables, pour
,, eſſuyer bien de la peine, bien des fati-
,, gues, bien des rébuts, bien des chicanes,
,, bien des chagrins, bien des dépenſes !
,, le tout ſans ſçavoir, ni combien cela du-
,, rera, ni s'il gagnera ſa cauſe, quelque
,, juſte qu'elle ſoit, & ſi il obtiendra enfin
,, un dédommagement qui, tout bien com-
,, pté, n'égale jamais ce qu'il en coûte.
,, Que ſi par hazard on lui rend juſtice,
,, voilà toujours une ſource funeſte de Hai-

,, nés, d'animosités, d'inimitiés, qui se
,, perpétuent quelquefois entre les familles
,, de génération en génération, & d'où il
,, naît une infinité de maux.

,, Il me semble, continue-t-il, entendre
,, quelqu'un qui se recriera sur le résultat
,, de tout mon discours : si cela va ainsi,
,, il faut réformer les Palais & abattre les
,, Tribunaux de Justice, plus de Juges,
,, plus d'Assesseurs, plus d'Avocats, plus
,, de Procureurs, plus de Greffiers, plus
,, d'Huissiers, plus d'autres tels gens, qui
,, ne sont occupés, qui ne vivent que de la
,, liberté qu'on croit avoir toujours de pro-
,, fiter du bénéfice des Loix, que de l'em-
,, pressement avec lequel on y a recours.
,, L'objection paroît forte ; mais tout ce
,, que je trouve ici de fâcheux, c'est qu'elle
,, ne le soit pas assez au gré même de ceux
,, qui la font tacitement, & qu'on ne puisse
,, pas se flatter que le cas qu'elle suppose
,, arrive jamais. Oui, plût à Dieu que les
,, hommes devinssent assez sages pour ren-

,, dre inutiles toutes les professions , tous
,, les emplois, tous les établissemens qui ne
,, sont fondés que sur leurs folies ! Plût à
,, Dieu qu'on vît naître un siécle d'or, où
,, chacun soigneux de n'offenser personne,
,, de ne faire du tort à personne, empressé
,, au contraire à faire du bien à quiconque
,, en auroit besoin, fût disposé à pardonner
,, les fautes d'autrui, à agir avec tout le
,, monde de la même maniere qu'il souhai-
,, teroit qu'on en usât envers lui, à em-
,, brasser, à chercher tous les moyens possi-
,, bles d'éviter un différent, ou de le ter-
,, miner au plutôt & à l'amiable ! Mais rassu-
,, rez-vous, vous qui êtes allarmés de la
,, seule pensée d'une si heureuse révolution,
,, que vous regarderiez comme fatale à vo-
,, tre fortune. Il n'y aura toujours que trop
,, de gens querelleux & chicaneurs qui ré-
,, duiront les plus pacifiques à la nécessité
,, d'employer malgré eux les voyes de la
,, Justice ; l'amour propre, l'intérêt, les
,, passions des hommes vous sont une bon
,, garant

,, garant de vos revenus. Souffrez feule-
,, ment que le peu de perfonnes qui ont à
,, cœur leur devoir & leur répos évitent ,
,, autant qu'il leur eft poffible , d'avoir af-
,, faire de vous, & qu'il leur foit permis de
,, renoncer à leurs avantages.

Il y auroit un moyen bien digne de la
bonté du Roi, de prévenir au moins moitié
des procès & des abus qui ruinent fon pauvre Peuple, furtout les Habitans de la Campagne , qui font dupes de la mauvaife foi
& de l'avidité des Praticiens, auxquels ils
font obligés de donner leur confiance. En
attendant que Sa Majefté puiffe s'acquitter
de l'obligation reconnue par Louis XIV ,
& par tous les Rois fes Prédéceffeurs , de
rendre gratuitement la juftice à fes Sujets, [1]

____

La juftice doit être rendue gratuitement. L'ufage des
fiécles précédens a néanmoins introduit en faveur des Juges quelque attribution au - delà des gages que nous leur
avons accordé, dont nous avons intention de nous char-ger
à l'avenir, lorfque l'état de nos affaires le permettra. Cependant nous avons réfolu d'y pourvoir par un tempéra-
ment raifonnable.

*Préambule de l'Edit de 1673 , pour les épices & vacations ,
& frais de Juftice.*

E

& que l'état de ses affaires lui permette. de
se charger des salaires & vacations de ceux
qui y sont employés. Il y auroit un tempé-
rament par lequel elle ne feroit aucun tort
à qui que ce soit, & répandroit un grand
bien. Il s'agiroit d'établir dans chaque Généralité un ou deux Juris-Consultes, dont
la probité & l'expérience seroient connues,
pour donner gratuitement, chacun dans un
certain arrondissement, des conseils aux
gens de la campagne sur leurs affaires, con-
cilier leurs différens, dresser les comptes,
partages, faire toutes les liquidations &
opérations qu'on voudroit faire à l'amiable,
ou du moins indiquer les moyens de les
faire avec moins de frais. Ce seroit un Arbitre qui n'exerceroit qu'une Jurisdiction
volontaire, un ministre de paix & de vérité,
qui dicteroit à cette portion précieuse du
genre-humain la conduite qu'elle doit tenir,
lui expliqueroit les Loix qui la concerne-
roient, donneroit son avis sur les procès
entrepris & à entreprendre; les Parties se-

roient libres de fuivre ou de ne pas fuivre
ces avis ; un feul de ces Arbitres, laborieux
& appliqué, pourroit fuffire pour plufieurs
Elections de la même Généralité ; ces places feroient à la nomination du Roi , & ne
pourroient être remplies que par des Avocats qui auroient exercé au moins dix ans
avec honneur leur profeffion ; qui join-
droient à la fcience des Loix l'expérience
des affaires ; un efprit droit & conciliant.

Au moyen des honoraires qui leur feroient attribués , il leur feroit défendu
expreffément de rien recevoir , ni en argent ni en préfens , quoiqu'offert volontairement , fous quelque prétexte que ce
foit ; il n'y a qu'un défintéreffement entier
qui puiffe leur faire accorder la confiance.
L'Intendant de Juftice , Police & Finances
du Département recevroit & connoîtroit
des plaintes qui pourroient être faites de
leur négligence ou de leur inexactitude à
remplir leurs devoirs ; & ils feroient def-
titués , lorfqu'ils en feroient convaincus.

E ij

[68]

Les honoraires de ces places pourroient
être assignés, ou sur quelque Bénéfice de
la Province, (quelle fondation plus pieuse
& plus généralement utile !) ou sur des sommes destinées dans chaque Généralité à
subvenir aux frais de Justice & Police ; &
& au soulagement des Peuples. Quel plus
grand bien peut-on leur faire ! Quel soulagement plus réel peut-on leur accorder ;
que de leur procurer les moyens d'entre-
tenir la paix & l'union, & de leur éviter
les inquiétudes, les dépenses & les suites
si funestes des procès ? Quand même ces
honoraires seroient répartis sur les différentes Paroisses de l'arrondissement, l'imposi-
tion seroit insensible. Pour moins de cinq
sols par an chaque particulier pourroit avoir
toujours un conseil pour ses affaires. Combien de frais ne leur épargneroit-on pas ?
S'il y a quelques Avocats célébres dans les
Provinces, on rédoute l'entrée de leur ca-
binet.

Non licet omnibus adire Corinthum.

Les Habitans des campagnes craignent de faire les frais d'une Confultation, comme ils craignent d'appeller un Médecin dans leurs maladies.

Cet établiffement feroit des effets plus prompts, plus fûrs que tous les Réglemens qu'on pourroit faire pour l'adminiftration de la Juftice. La prudence n'eft jamais fi prompte à imaginer de nouvelles précautions, que la friponnerie à les éluder ; pour guérir les maux, il faut les prendre à l'origine. Je vois par les procès que j'ai empêchés ou arrêtés pendant le peu de temps que je paffe à la campagne, le bien que pourroit faire une perfonne qui feroit occupée entierement de ce foin. Il pourroit faire plus de bien que deux cens font de mal. Lorfqu'on viendroit le confulter, il ne flateroit pas les paffions des Plaideurs, mais il leur diroit toujours la vérité, qu'il n'auroit jamais intérêt de taire ou de diffimuler. Lorfque leurs prétentions feroient fondées, il les engageroit à épuifer,

E iij

avant d'actionner en Justice, toutes les voyes de douceur & de civilité, toutes les démarches & les bons procédés auprès de leurs Parties adverses. Il se chargeroit même du soin de sçavoir leurs raisons ; il tâcheroit toujours de les porter à se rendre justice à l'amiable. Il n'y auroit pas d'emploi plus noble, plus satisfaisant pour un honhête homme, & plus utile à la Patrie. [1]

---

[1] La meilleure Loi, le plus excellent usage, le plus utile que j'aie jamais vû, c'est en Hollande. Quand deux hommes veulent plaider l'un contre l'autre, ils sont obligés d'aller d'abord au Tribunal des Juges-Conciliateurs, appellés faiseurs de paix. Si les Parties arrivent avec un Avocat & un Procureur, on fait d'abord retirer ces derniers, comme on ôte le bois d'un feu qu'on veut éteindre. Les faiseurs de paix disent aux Parties : Vous êtes de grands fols de vouloir manger votre argent à vous rendre mutuellement malheureux. Nous allons vous accommoder, sans qu'il vous en coûte rien. Si la rage de la chicane est trop forte dans ces Plaideurs, on les remet à un autre jour, afin que le temps puisse adoucir les symptomes de leurs maladies. Ensuite les Juges les envoyent chercher une seconde & une troisiéme fois. Si leur folie est incurable, on leur permet de plaider, comme on abandonne au fer des Chirurgiens des membres gangrénés. Alors la Justice fait sa main.

Il n'est pas nécessaire de faire de longues déclamations, ni de calculer ce qui reviendroit au genre-humain, si cette Loi étoit adoptée.

Lettre de M. de Voltaire, sur un usage très-utile établi en Hollande.

Henri IV. avoit conçu le deffein d'un établiffement à peu près pareil, & l'avoit même ordonné par un Arrêt de fon Confeil du 6 Mars 1610. On voit que ce bon Roi, mû d'une affection charitable & paternelle envers fon pauvre Peuple, & voulant procurer les moyens d'obtenir juftice aux Veuves, Orphélins, pauvres Gentilhommes, Marchands, Laboureurs, & généralement à tous ceux qui feroient dépourvûs de confeil ou d'argent, ou de l'un & de l'autre, ordonna que dans toutes les Cours, tant fouveraines qne fubalternes, il feroit commis des Avocats & Procureurs pour les Pauvres, en tel nombre qu'il feroit avifé en fon Confeil, felon la grandeur & néceffité de chaque Cour ou Siége, lefquels feroient tenus d'affifter de leur confeil, induftrie, labeur & vacation, tous ceux de la fufdite qualité, fans prendre d'eux aucune chofe, tant petite fût-elle, & fous quelque prétexte que ce fût, à peine de conouffion, fe contentans de leurs fimples

gages , salaires & prérogatives qu'il plaisoit
à Sa Majesté attribuer auxdits Avocats &
Procureurs, qui seroient mis & choisis comme
plus capables & gens de bien , & entrete-
nus auxdites Charges , tant qu'ils y seroient
leur devoir. La mort imprévue de ce Monarque , qui survint le quatorze Mai suivant , arrêta l'exécution de ce louable des-
sein, qui a sans doute été réservé à Louis
LE BIEN-AIMÉ.

Lorsque j'ai communiqué des réflexions,
& mes idées sur les moyens d'empêcher les
Sujets du Roi de se ruiner , & de regler
d'une autre maniere les frais de Justice ,
on a été obligé de convenir en général de
l'avantage qui en résulteroit. Mais quelques
personnes n'osant opposer leur intérêt particulier , ont prétendu que ces idées , quoique bonnes , ne seront pas adoptées ; leur
raison est de dire qu'une grande partie des
revenus du Roi seroit considérablement di-
minuée par ces réformes ; qu'en tarissant
la source des procès , on tarit la source des

produits de la Ferme du papier & parchemin timbré , du Contrôle des dépens , &
de tous les autres droits imposés sur les
frais de Justice ; qu'en abrégeant l'instruction
des contestations , la rendant plus simple ,
le ministere d'un grand nombre d'Officiers
ou Suppôts de Justice deviendroit inutile ;
que les vacations & les épices des Juges
diminueroient à proportion ; que les intérêts du Roi , des Juges & de tous les Ministres de la Justice se tiennent par une
chaîne qu'il n'est pas aisé de rompre ;
c'est-à-dire , qu'en associant pour ainsi dire
le Roi & les Magistrats à leurs dépradations,
ils se flattent que ce sera un motif suffisant
pour ne les pas réprimer.

Je ne crois pas devoir répondre à un pareil motif, qui est trop injurieux à la Justice
& à la bonté du meilleur des Rois, secondé
par des Ministres bien-faisans & bien-vou-
lans. Si on peut se servir de ce terme signi-
catif , pour qu'il puisse jamais entrer en
considération , lorsqu'il s'agira du bien gé-

néral , c'est comme si on penfoit que Sa
Majesté encouragera les crimes , parce que
la condamnation des Criminels occafionne
des confifcations ou des amendes à fon profit , ou qu'il récompenfera des Médecins
ignorans , qui feroient mourir beaucoup de
Citoyens, parce qu'ils occafionneroient l'ex-
tinction des rentes viageres ou des droits
de centiéme denier dans les Succeffions col-
térales. Le papier timbré , le contrôle , &
tous les autres droits ont été établis pour
fubvenir aux befoins de l'Etat , & non pour
que l'Etat leur foit facrifié. Moins on em-
ployera de papier & parchemin timbré ,
plus on confommera de fel , de tabac , &
de toutes les autres denrées , plus la popu-
lation augmentera , plus l'Agriculture fera
floriffante , plus les impôts feront payés facilement.

A l'égard des Magiftrats, s'il y en a quel-
ques-uns qui , plus fenfibles à l'argent qu'à
l'honneur, [t] regretteroient de voir dimi-

____

[t] On pourroit dire de ces Magiftrats, ce que difoit

nuer le profit de leurs Offices , en voyant augmenter le bonheur des Peuples. On peut affurer que le plus grand nombre gémit fur les abus , & donneroit bientôt l'exemple d'un défintéreffement entier , en renonçant volontairement à leurs épices & vacations ; qu'ils feroient fatisfaits d'un prix bien plus digne de leurs travaux , l'eftime & la confiance du Souverain , le refpect & la confidération des Peuples, qui font le lot du Magiftrat. [1]

M. Dagueffeau, dans une mercuriale à la S. Martin en 1700, en parlant du Magiftrat devenu avide d'affaires. *Premier volume , page 80.*

    » Que peut-on penfer , difoit-il , lorfqu'on le voit in-
» différent pour les fonctions honorables de la Magiftra-
» ture , en remplit les devoirs utiles , avec une exacte ,
» mais fervile régularité ? Si ce n'eft que , comme un vil
» mercénaire, il mefure fon travail à la récompenfe qu'il
» en reçoit. Créancier importun de la République , il ignore
» la douceur de cette gloire fi pure que l'homme de bien
» trouve à pouvoir compter la Patrie au nombre de fes
» débiteurs ; il veut que chaque jour, chaque heure, cha-
» que moment lui apporte le falaire de fes peines. Mal-
» heureux de fe croire ainfi payé de fes travaux , & vérita-
» blement digne de n'en recevoir jamais qu'une fi baffe
» récompenfe.

    [1] Il y a un lot pour chaque profeffion. Le lot de ceux qui levent les tributs eft les richeffes, & la récompenfe de

Quant aux ministres inférieurs de la Justice, moins il y aura de gens employés à vivre aux dépens des autres, plus il en restera dans les campagnes pour les cultiver.

,, Il n'y a pas, dit un célébre Magistrat,
,, Philosophe & Citoyen, [1] assez de La-
,, boureurs, où il y a des terres en friches;
,, où l'Etat assez riche par lui-même pour
,, exporter ses productions naturelles, im-
,, porte souvent celles de l'Etranger qu'il
,, pourroit fournir. L'excès n'est point à
,, craindre dans une profession qui nourrit
,, les autres, qui apporte continuellement
,, des valeurs réelles dans l'Etat. Mais il est
,, dangereux dans toutes celles qui ne créant
,, aucune valeur, vivent par celle qui les
,, crée.

---

ces richesses, sont les richesses même. La gloire & l'honneur sont pour cette Noblesse qui ne voit, qui ne sent de vrai bien que l'honneur & la gloire; le respect & la considération sont pour les Ministres & les Magistrats, qui ne trouvant que le travail, après le travail, veillent nuit & jour pour le bonheur de l'Empire. *Esprit des Loix.*

[1] M. Caradeuc de la Chalotais, Procureur-Général au Parlement de Bretagne. *Essai d'éducation nationale.*

,, L'inftruction des procès, dit-il enfuite,
,, exige-t-elle ce nombre incroyable d'Offi-
,, ciers & Suppôts de Judicature, qui dé-
,, folent les Habitans des Villes & des Cam-
,, pagnes ?

Que je m'eftimerois heureux fi je pouvois contribuer au bonheur de mes Conci-
toyens ; fi quelqu'une des idées , que le dé-
fir de leur être utile, m'a fuggerées, pouvoit
être adoptée. Je n'afpire pas à la réputation
de bien écrire : je ferois bien plus flatté fi
je pouvois perfuader. [1] Je crois avoir
parlé raifon , j'ai dit la vérité, j'ai averti
les hommes de leurs véritables intérêts, &
même de leurs devoirs. Je leur ai dénoncé

---

[1] Le Philofophe confume fa vie à obferver les hommes : il ufe fes efprits à en démêler les vices & le ridicule ;
fi il donne du tour à fes penfées , c'eft moins par vanité
d'Auteur, que pour mettre une vérité qu'il a trouvée dans
tout le jour néceffaire pour faire l'impreffion, qui doit fervir
à fon deffein. Quelques Lecteurs croyent néanmoins le payer
avec ufure , quand ils difent magiftralement qu'ils ont lû
fon Livre, qu'il y a de l'efprit ; éloges qu'il méprife. Il demande un meilleur fuccès , qui eft de rendre les hommes
meilleurs. *Caractères ou mœurs du Siècle, par la Bruyere.*

des abus : je leur ai fait voir les dangers ;
c'eſt à eux de s'en garantir. Mais la Morale eſt, comme la Médecine, beaucoup
plus ſûre dans ce qu'elle fait pour prévenir
les maux, que dans ce qu'elle tente pour
les guérir. Le plus ſûr moyen de prévenir
les procès, c'eſt de rendre les hommes
juſtes.

SECONDE PARTIE.

LÉS hommes font ce qu'on les fait par l'éducation, qui n'eft autre chofe que l'art de former & habituer les enfans à penfer & agir comme on veut qu'ils penfent & agiffent étant hommes. On peut donc dire que l'éducation eft la fource de tout le bien, ou de tout le mal moral , & qu'elle mérite toute l'attention du Gouvernement. Les Magiftrats établis dans les Cours Souveraines pour veiller à tout ce qui concerne l'ordre public, convaincus de cette vérité, fe font occupés depuis plufieurs années de cet objet intéreffant. Ils ont fait voir la néceffité de réformer l'Inftitution de la Jeuneffe, & de

fubftituer à une éducation, qui n'eft propre
que pour l'Ecole ou pour le Cloître, une
éducation qui forme des fujets pour l'Etat;
ils ont indiqué des moyens, propofé des
plants, dont on ne peut que défirer l'exécution. Les Hommes feroient infailliblement
meilleurs, s'ils étoient mieux inftruits.

C'eft fous ce point de vue que je veux
confidérer l'éducation. Le moyen de rendre
les Hommes juftes eft de leur donner des
idées de juftice. La juftice eft une volonté
conftante de rendre à chacun ce qui lui appartient, & l'art de connoître ce qui appartient à chacun s'appelle Jurifprudence.
De toutes les Sciences qu'on communique
à la jeuneffe, il n'en eft pas de plus néceffaire & de plus utile, après celle de la Religion, avec laquelle elle eft liée. C'eft cependant la plus généralement négligée; elle
eft même tombée dans une efpece de mépris, parce qu'on la confond avec les a-
bus, avec cet art affreux de la chicane que
j'ai dépeins dans ma premiere Partie, dont

elle

elle est aussi différente que les ténébres de
la lumiere. On dit communément dans le
monde que la Jurisprudence est incertaine
& intéressée ; que les choses les plus claires
deviennent obscures au Palais ; qu'elle n'est
bonne que pour les Officiers de Justice ;
qu'elle rend l'esprit difficile & formaliste.
Mais c'est mal juger d'une chose que d'en
juger par les abus & désordres qui s'y sont
introduits ; comme si les choses les plus
saintes, la Religion même, n'étoient pas
sujettes aux abus ; non à la vérité par elles-
mêmes, mais par l'usage qu'on en peut
faire. Il est bon d'observer que ces abus
naissent presque toujours de l'ignorance. Le
fanatisme & la superstition se font introduits
dans la Religion ; & en ont souvent pris la
place dans les siécles d'ignorance ; les ministres de la Religion l'ont souvent fait servir à leurs passions. Doit-on s'étonner que

les défordres s'introduifent dans l'adminiftration de la Juftice par les paffions de fes
miniftres ? Le feul moyen de remédier à
ces défordres, c'eft d'inftruire les hommes
de leurs devoirs, qui leur font dictés par
les Loix. Moins il y aura d'ignorans, moins
il y aura de dupes. Plus on eft élevé en dignité,
plus on a de biens, plus on a de rapports
avec les autres hommes, plus par conféquent on a de devoirs. Cependant, fuivant
l'éducation actuelle, les perfonnes d'une
grande condition, les Gentilshommes, &
toutes les Perfonnes riches n'ont aucune
connoiffance des Loix.

Nous avons des Ecoles de Droit deftinées
principalement à former les jeunes gens qui
doivent remplir des places dans la Robe, on
y prend des dégrés qui doivent être des
titres ou des témoignages de fcience. Mais
combien d'abus fe font encore gliffés dans

cette inſtitution ! Qui ne ſçait que ces dégrés
s'obſtiennent après un certain nombre d'inſ-
criptions ſur le Regiſtre d'un Profeſſeur qui
donne des leçons aux bancs de ſa claſſe,
qui n'exige ni aſſiduité, ni étude, qui ne
connoît pas plus ſes écoliers, que ceux-ci
ne le connoiſſent ! Tel fait ſon droit, qui
eſt quelquefois à cinquante lieues du Profeſſeur, dont il eſt cenſé recevoir les leçons:
On donne des Lettres de Licence, c'eſt-
à-dire, des témoignages de ſcience des Loix
à un homme qui n'en ſçait pas les premiers
principes. Cependant ce Licentié obtiendra le titre d'Avocat, & ira compromettre
la fortune des Citoyens, en leur donnant
des conſeils. On achetera une Charge de
Judicature, qui lui donnera le droit de
prononcer, non-ſeulement ſur la fortune,
mais encore ſur la vie des hommes.

Les jeunes gens qui ne ſont pas deſtinés

par leur fortune à remplir des Charges de
Magistrature, sont envoyés en sortant du Collége chez des Procureurs pour y apprendre
les affaires. Là, leur occupation est d'écrire
continuellement les procédures qui se sont
chez ces Procureurs. On ne leur donne aucuns principes, aucunes leçons pour pouvoir connoître le but, les règles & l'utilité
de ces procédures : ils écrivent sans sçavoir
ce qu'ils écrivent, sans aucune suite ni réfléxion. Ceux qui ont acquis un peu de goût
& de raisonnement dans leurs études con-
çoivent, pour ce qu'ils sont forcés de faire,
le mépris & l'horreur qu'il mérite ; le plus
souvent les autres qui n'ont point étudié,
faisant réfléxion que les Procureurs chez
lesquels ils demeurent, sortis comme eux
de leur Village, ont trouvé le moyen de
faire dans cette profession une fortune considérable, sont animés par cette perspective

& préférent cet état à celui de leur père.
Ils achetent une Charge à Paris, ou ils vont
infecter les Provinces de leur science per-
nicieuse. Telle est en général la maniere
d'apprendre la Jurisprudence & les Loix.
Elle n'est pas, on en convient, capable
d'en donner une grande idée, ni d'en inf-
pirer le goût. Il n'y a que ceux qui espé-
rent en retirer du profit qui la cultivent,
pour s'enrichir de l'ignorance & des sottises
des autres ; & c'est sans doute ce qui a fait
dire qu'elle est incertaine & intéressée.

Pour rendre à cette science tout le lustre
qu'elle mérite, & en retirer toute l'utilité
qu'elle doit procurer, il seroit nécessaire de
réformer les Ecoles de Droit, ou de veiller
à l'exécution de leurs réglemens.

Il y a dans ces Ecoles plusieurs Professeurs
en Droit Romain, & un seul Professeur en
Droit François. Il faudroit au contraire plu-

ſieurs Profeſſeurs en Droit François , & un ſeul Profeſſeur en Droit Romain. Les Profeſſeurs en Droit François enſeigneroient le Droit commun de la France , compoſé des Loix Romaines qui ont rapport à nos mœurs, & qui ſont adoptées par notre Juriſprudence des Coutumes & des Ordonnances des Rois ; ils expliqueroient en langue Françoiſe les Loix Romaines , & apprendroient aux jeunes gens à en pénétrer l'eſprit, & à en faire l'application. Ils pourroient prendre pour modele la maniere de M. Domat , qui eſt parvenu par l'ordre , dans lequel il a rangé les Loix , à en rendre l'étude plus facile , plus utile & plus agréable. Au lieu des Actes publics qu'on nomme Theſes , dont les argumens ſont toujours communiqués , où les jeunes gens diſputent ſur des choſes qu'ils n'entendent pas , il les exerceroient à faire des diſſertations fur des fujets propofés , dont ils fentiroient l'importance & l'utilité ; ne leur accorderoient des Lettres de Licence qu'après qu'ils auroient fubi plufieurs examens rigoureux fur les principes , & qu'ils auroient compofé plufieurs Confultations fur des queftions de Droit qui feroient données à réfoudre. On enfeigneroit de même les Loix Eccléfiaftiques de France , & les principes fur les libertés de l'Eglife Gallicane, que tout François doit connoître & défendre. On pourroit même diftribuer des prix pour exciter l'émulation. Les jeunes gens qui fortiroient de ces Ecoles , mériteroient alors d'afpirer à la qualité de Jurifconfultes , ou d'être admis aux Charges de la Magiftrature. On ne verroit pas le Barreau fe pleupler tous les ans d'Avocats Praticiens, qui trouvent bonnes toutes les affaires qui leur font utiles. Ceux qui auroient été formés à l'Etude réfléchie des Loix, seroient tranquilles au milieu des passions des Cliens ; ils ne deviendroient jamais les instrumens ou les organes de leur colere & de leur haine ; ils ne sacrifieroient pas les devoirs les plus sacrés, l'honneur & la réputation des Citoyens, souvent même de leurs Parties, à l'envie de briller par leur esprit, à la gloire d'élever & de faire juger des questions neuves.

A l'égard des jeunes gens qui ne seroient pas destinés à la Magistrature, comme les jeunes gens de condition, les Gentilshommes qui doivent remplir des places éminentes, des emplois politiques ou militaires, il ne seroit pas moins nécessaire de leur donner une connoissance des Loix, mais d'une manière différente. Tous les hommes ne sont pas obligés d'être Jurisconsultes : tous doivent être Citoyens.

Il feroit à défirer qu'en faifant dans les Colléges les réformes propofées par les Magiftrats, on confacrât la partie des Etudes, qu'on nomme Philofophie, à apprendre aux jeunes gens les devoirs qu'ils doivent remplir étant hommes.

On définit la Philofophie, l'amour de la fageffe. Mais ce qu'on enfeigne dans les Colléges fous ce nom, a-t-il quelque rapport à cette définition ?

,, Des Maîtres habitués aux fubtilités ,, Scholaftiques, dit M. de la Chalotais, ,, y exercent les jeunes gens qui contractent ,, l'habitude de difputer & de chicaner. ,, Il y en a qui dans le refte de leur vie ,, femblent toujours être fur les bancs de ,, l'Ecole.

,, Le plus grand vice de l'éducation, ,, continue-t-il, eft le défaut abfolu d'inf- ,, truction fur les vertus morales & politi-

,, ques. Notre éducation ne tient point à
,, nos mœurs, comme celles des anciens.
,, Après avoir essuyé toutes les fatigues &
,, & l'ennui des Colléges, la jeunesse
,, se trouve dans la nécessité d'apprendre
,, en quoi consistent les devoirs communs
,, à tous les hommes ; elle n'a reçu aucuns
,, principes, pour juger des actions, des
,, mœurs, des opinions, des coutumes ;
,, elle a tout à apprendre sur des articles
,, si importans. On lui inspire une dévotion
,, qui n'est que l'imitation de la Religion,
,, des pratiques, pour tenir lieu de vertus;
,, & qui n'en sont que l'ombre.

Un autre Magistrat aussi zélé pour le
bien public, [1] s'est élevé pareillement

---

[1] M. Guyton de Morveau, Avocat-Général du Roi
au Parlement de Bourgogne. *Mémoire sur l'éducation publique.*

contre ces abus , & a propofé des moyens d'y remédier. Il a démontré la néceffité d'enfeigner la Philofophie en Langue Françoife, de profcrire ce qu'on appelle la Scholaftique , & de comprendre dans la morale les devoirs de la Loi naturelle , le Droit de la Nature & des Gens , les premiers principes du Droit Public national : en un mot des regles de conduite & des vérités qui puiffent réellement influer fur les mœurs. Mais la raifon reclame long-tems contre les préjugés : avant qu'ils foient détruits , on fuit toujours la route frayée par l'habitude.

En attendant ces réformes fi défirables dans l'inftitution publique de la jeuneffe , les parens riches & qui feront foigneux de donner à leurs enfans une bonne éducation , pourront y fuppléer par une inftitution particuliere , qui fera toujours préférable pour cette partie. Lorsque leurs enfans seront parvenus à cet âge, où l'esprit s'ouvre à la certitude, où ils commencent à réfléchir, où le cœur reçoit sa forme & son caractere. Alors ils ne peuvent trop prendre de précautions pour leur procurer des connoissances qui puissent influer sur leur bonheur, & servir à régler leur conduite. Au lieu du Cours de Philosophie des Colléges, qui est plus nuisible que profitable, dans lequel on mene les jeunes gens à l'erreur par le délire de l'orgueil, ils tâcheront de substituer un Cours de véritable Philosophie. Il sera question de trouver pour cela un Maître habile, mais point pédant, d'une science moins profonde qu'aisée & communicative, qui auroit acquis par l'expérience des affaires & l'usage du monde la connoissance des hommes. Ce Maître, à l'exemple des anciens Philosophes, apprendroit aux jeunes gens , en très-peu de temps , l'art de raisonner juste , en leur expliquant dans un langage clair & intelligible les principes & les regles du raisonnement. Il les feroit ensuite passer à la Métaphysique & à la Morale , qui est la partie la plus essentielle de la Philosophie. Elle consisteroit plutôt dans des préceptes de pratique , que de spéculation. Il pourroit prendre pour texte de ses instructions le Livre intitulé *les devoirs de l'Homme & du Citoyen*, qui est un abrégé de celui du Droit de la Nature & des Gens, par le Baron de Puffendorff , & qu'on peut regarder comme un systême méthodique de la science des mœurs , qui apprend à juger des actions humaines en général , à connoître les devoirs de l'homme envers Dieu , les devoirs de l'homme par rapport à lui-même , & les devoirs mutuels des hommes ; l'obligation de se regarder les uns les autres

comme naturellement égaux ; les offices
communs de l'humanité ; les devoirs réci-
proques des pères, des mères & des enfans,
la formation des sociétés civiles & de leurs
Loix. Après avoir mis en évidence les principes, il en déduiroit tout le détail de la
Morale de la Loi Naturelle, du Droit Poli-
tique, du Droit des Gens, & du Droit
Civil. Il ne tenteroit pas le projet chimé-
rique de faire des hommes sans passions ;
il se contenteroit de leur apprendre à les
regler & diriger suivant les Loix divines &
humaines, pour leur bien & celui de la So-
ciété ; il leur feroit voir dans leurs devoirs
le principe & le fondement de leurs droits ;
il ne manqueroit pas de leur faire remar-
quer que les mœurs sont de tout pays &
de toute Religion ; que la nature a gravé
dans le fond de nos cœurs la justice, la
vérité, la bonne foi, l'humanité, la bonté,

la décence ; que ces qualités font auſſi eſſen-
tielles à l'homme, que la raiſon. Il leur feroit voir dans les Ouvrages des Payens ,
qui n'étoient pas excités par les motifs ſur-
naturels de la révélation , des vérités ſubli-
mes , & l'amour le plus pur de la vertu.

  ,, L'homme ne ſuit pas , dit encore M.
,, de la Chalotais qu'on ne peut ſe laſſer
,, de citer , invariablement ſes principes ,
,, mais celui qui n'en a pas ou qui en a
,, de mauvais , agira ſûrement & preſque
,, toujours mal ; celui qui a des connoiſſan-
,, ces ſolides ne fera pas toujours le bien ,
,, mais il le fera plus ſouvent, il y reviendra
,, plus aiſément. C'eſt un état violent que
,, d'être toujours en contradiction avec ſoi-
,, même. La lumiere conduit ordinairement
,, à la vertu ; les ténébres & l'ignorance
,, conduiſent au vice.

On entremêleroit ces leçons , qu'on tachéroit cependant de rendre utiles, par des leçons de Physique, qui ne consisteroient pas en argumens sur la définition de cette Science, sur l'essence de la matiere ; mais en observations accompagnées d'expérien- ces, d'explication, & d'application aux usages ordinaires de la vie, & aux Arts & Métiers, suivant la Méthode de M. l'Abbé Nollet, qui est la plus parfaite qu'on puisse suivre, par laquelle il a trouvé le moyen de mettre cette Science à la portée de tout le monde, & d'en faire l'occupation la plus agréable & la plus instructive. Il seroit à désirer que la Morale fût traitée de la même maniere ; elle en est également susceptible.

Si ce Cours de Philosophie pouvoit être fait à la campagne, les jeunes gens en qui l'imagination est plus vive que le jugement, seroient moins dissipés, les connoissances qu'on voudroit leur communiquer trouvant

moins

moins de contrepoids au-dehors, feroient plus d'effet au-dedans ; la fimplicité de la vie champêtre exciteroit moins les paf-fions que le luxe immodéré des grandes Villes. D'ailleurs l'Inftituteur auroit occafion de leur faire admirer le Spectacle magni-fique de la Nature ; il leur apprendroit à connoître tous les travaux de la campagne, à comparer le produit des différentes ef-péces de biens, avec les frais de culture & les impôts, dont les Cultivateurs font char-gés : tout deviendroit une occafion d'inf-truction.

Un Cours de Philofophie ainfi dirigé, pourroit être regardé comme un Cours de fageffe humaine. Les jeunes gens qui en for-tiroient pour vivre avec les hommes, ne fe croiroient pas tranfportés dans un autre monde. Ils auroient contracté l'habitude de penfer & de raifonner. S'ils n'ont pas des

G

connoiſſances profondes, ils auront appris
l'art d'en acquérir. Ils ſçauront s'occuper,
ſcience ſi rare & ſi utile à cet âge. Ils ſeront
en état de choiſir une profeſſion, d'en connoître les devoirs & les remplir. Ils auront
des principes ſûrs, des idées claires & diſ-
tinctes du juſte, de l'honnête, de tous les
devoirs de l'homme. Ces principes & ces
idées ſeront des préſervatifs contre les mauvais conſeils & les mauvais exemples qu'ils
pourront recevoir dans le monde. Si entraî-
nés par le torrent ils vouloient ſecouer le
joug de la Religion, ou s'en faire une ſour
mode, ils conſerveroient au moins les Vertus morales, qui les rapprocheroient des
vertus chrétiennes. Ils aimeroient la Patrie,
qui dans les Monarchies réſide dans la Perſonne Sacrée du Souverain. Ils n'auront
d'autre ambition que de lui être utiles, ils
aimeront leurs Concitoyens, ſeront ſenſi-

bles au plaiſir de leur faire du bien. Leur intérêt particulier ne leur fera jamais oublier les principes de la juſtice & de l'équité.

Ceux qui rempliroient des places de confiance auprès du Souverain, ou qui commanderoient en ſon nom, tendant tous au même but, ne ſe trouveroient jamais en oppoſition ; ils ne chercheroient pas à ſe détruire les uns les autres, à faire manquer des entrepriſes ou des projets utiles ; ne ſacrifieroient pas la Patrie à des mouvemens bas d'envie, de jalouſie ou d'avarice, qui ne trouveroient pas de place dans leur eſprit ni dans leur cœur ; ils auroient ſurtout horreur de ces manœuvres, par leſquelles des gens en place détournent les deniers publics, qui ſont la pure ſubſtance du peuple, à leur profit particulier, & qui les expoſent à des condamnations de reſtitution plus flétriſſantes que le ſupplice ; ils ne feroient point confifter la grandeur & la gloire dans des dépenfes fans bornes, qui expofent à l'alternative de manquer à fes devoirs ou à fes engagemens ; mais ils ré-gleroient leurs dépenfes fur leurs revenus, perfuadés que ne pas payer ce qu'on doit, n'eft pas moins voler que de prendre le bien d'autrui. Ils ne mettroient point à un trop haut prix les fervices qu'ils peuvent rendre à l'Etat, & qu'ils lui doivent, mais ils fe-roient plus de cas de la gloire & de l'hon-neur que de l'argent, qui ne doit être la récompenfe que des ames viles & mercé-naires. Ils penferoient que fi il eft déshono-rant d'exiger des intérêts ufuraires d'un par-ticulier, il doit être bien plus déshonorant de les exiger du Roi ou de la Patrie. Enfin il eft plus que vrai-femblable que des jeunes gens munis de ces principes, accoûtumés à ces bons fentimens, ne manqueroient pas

de rendre à chacun ce qui lui appartient,
& n'auroient par conséquent point de procès. Les grands Seigneurs sçauroient traiter
eux-mêmes de leurs affaires, ne s'en rap-
porteroient pas à des Intendans qui les ruinent, & à des gens d'affaire qui compro-
mettent souvent leur honneur, en leur faisant faire des choses indignes de leur nais-
sance. Leur conscience, l'humanité, la
bonne foi, présideroient à leurs conseils. Ils
seroient en état, sinon de discuter les affaires les plus délicates, d'en entendre la dis-
cussion, & de prendre le parti que leur
dicteroit leur cœur : ils ne souffriroient pas
qu'on abusât sous leur nom des Loix & des
formes pour opprimer le misérable. Le Gen-
tilhomme habitant dans ses Terres, au lieu
de plaider avec son Curé & ses Vassaux,
deviendroit leur Arbitre. Il veilleroit à l'ad-
ministration de la Justice, dont le sacré

dépôt lui est confié par le Souverain, & qu'il doit faire exercer à sa décharge. Il ne la regarderoit pas comme un objet de revenu, ne favoriseroit pas par avarice les abus & l'impunité des crimes ; son exemple entraîneroit ses parens, ses amis : ayant reçu une bonne éducation, il la donneroit à ses enfans. On pourroit espérer de voir régner la paix & la concorde, d'où naîtroit la félicité publique.